高山正也　植松貞夫　監修
新・図書館学シリーズ 7

改訂
図書館資料論

〈編集〉平野英俊　岸　美雪
　　　　岸田和明　村上篤太郎
　　　　　　共　著

樹村房
JUSONBO

監修者の言葉

　1950年に成立した現「図書館法」により，わが国の図書館員の養成が本格的に大学レベルで実施され始めて以来，この約半世紀の間に，図書館をとりまくわが国の社会環境も，図書館も大きく変貌した。館数，施設，蔵書構成など，わが国の図書館環境の整備は世界に誇れる大きな成果ではあるが，図書館サービスそれ自体の水準は日本社会の歴史的，社会的な通念を始め，多くの要因のために，未だ世界の第一級の水準とは言い難い面もある。しかし情報社会の到来を目前に控え，新しい時代の情報専門職にふさわしい，有能で，社会的にリーダーシップのとれる図書館員の養成は社会的急務である。

　わが国の図書館職員，特に公共図書館職員の養成の主流となってきたのは，「図書館法」で定められた司書資格取得のための司書講習の規定であった。この司書講習や講習科目に基づく司書課程を開講し，図書館職員の養成にかかわる大学数も，受講する学生数もこの約半世紀の間に激増した。このような状況の下で，司書養成の内容の改善も両三度図られた。教育の改善は，教育内容と教育時間の両面での充実が考えられるが，今回（1996年）の改訂では，実質的な図書館学の教育時間の増大は図られなかったに等しい。このため教育科目の再構成と各科目内容の充実をもって，司書養成の充実を図ることになった。ここに「図書館法施行規則」の改正による教育科目の再構成が行われたが，一方，各科目の内容の充実は開講校と科目担当者に委ねられることとなった。

　このために図書館学の新教育科目群に対応し，科目担当者の努力を助け，補完し，併せて受講者の理解を深め，学習効果を高めるために，充実した各科目専用のテキスト・教材の整備が，従来に増して，必要不可欠になった。

　わが樹村房の「図書館学シリーズ」は昭和56年の刊行以来，わが国の司書養成のための図書館学のテキストとして，抜群の好評を博し，版を重ねた実績をもつ。そこで今回の司書養成の新教育体制への移行に際し，省令の新科目群に対応した「新・図書館学シリーズ」を刊行することとした。

「新・図書館学シリーズ」の刊行にあたっては，基本的に旧「図書館学シリーズ」の基本方針を踏襲した。すなわち，「図書館学は実学である」との理念の下にアカデミズムのもつ観念的内容とプロフェッショナリズムのもつ実証的技術論を統合し，さらに網羅すべき内容を大学教育での時間の枠に納める調整も行った。また養成される司書には，高学歴化，情報化した社会における知的指導者として，幅広い一般教養，語学力，さらに特定分野の主題専門知識も期待されている。本シリーズでは，この困難な要求に応えるべく，単独著者による執筆ではなく，教育と実務の両面について知識と経験を有する複数の著者グループによる討議を通じて執筆するという旧シリーズの方針を踏襲することとした。

　幸いにして，この方針は出版者，木村繁氏の了承されるところとなり，旧「図書館学シリーズ」の編集・執筆に携わった人々の経験と旧シリーズの伝統に加え，さらに新設科目や，内容の更新や高度化に対応すべく，斯界の中堅，気鋭の新人の参加をも得て，最新の情報・知識・理論を盛り込み，ここに「新・図書館学シリーズ」第一期分，12冊を刊行することとなった。

　本シリーズにおける我々の目標は，決して新奇な理論書に偏さず，科目担当者と受講者の将来の図書館への理想と情熱を具体化するため，正統な理論的知識と未知の状況への対応能力を養成するための知的基盤を修得する教材となることにある。本シリーズにより，来るべき時代や社会環境の中での求められる図書館職員の養成に役立つテキストブックが実現できたと自負している。また，併せて，本シリーズは，学生諸君のみならず，図書館職員としての現職の方々にもその職務に関する専門書として役立つことを確信している。読者各位の建設的なご意見やご支援を心からお願い申しあげます。

　　1997年7月

　　　　　　　　　　　　　　　　　　　　　　　　　　　　　　　監　修　者

序　　文（初版）

　樹村房・図書館学シリーズの1巻として『図書館資料論』が刊行されたのは，昭和58(1983)年4月のことであった。以来，平成2(1990)年の改訂をはさみ，15年の長きにわたり，多くの教育現場でテキストとして使用され，刷を重ねることができた。本書は，これを全面改訂し，一昨年8月の「図書館法施行規則」の改正に伴い企画された新・図書館学シリーズの1巻としたものである。

　図書館サービスを成り立たせる最も重要な要素は"資料"の存在と，それを収集して構築した"コレクション"であり，図書館専門職の学習内容として，"資料"と"コレクション構築"に関する理解が最も重要であることは言を俟たない。このことは，今回の施行規則改正において『図書館資料論』は不変であり，加えて『専門資料論』，『資料特論』などが入っていることからも理解できる。

　今回の全面改訂では以下の点を考慮した。①　第1章では，図書の歴史を含みながら，図書館資料とは何かについて総体的に論じた。②　第2章では，いわゆる"図書以外の資料"を別立てとはせず，一本化した。③　第3章では，コレクション構築の問題を，理論・実務両面から詳細に論じた。また，資料の蓄積・保管と，コレクション評価について新しく加えた。④　第4章では，資料収集の自由と出版流通の問題を，図書館での収集をめぐる問題として論じた。特に，資料収集の自由に関する事例を豊富に収め，理解の助けとした。

　執筆は，第1章と第2章を平野が，第3章の1，2，5，6(2)，7を海野が，第3章の3，4，6(1)を岸田が，第4章を加納がそれぞれ分担した。

　最後に，編集責任者という貴重な機会を与えていただいた前島重方，高山正也両先生に感謝申し上げるとともに，多忙で執筆が遅れがちなわれわれを叱咤激励していただいた樹村房社長木村繁氏の熱意にも感謝申し上げたい。また，本シリーズの完成をみることなく急逝された監修者・前島重方先生には，心からご冥福をお祈り申し上げます。

　　1998年2月

執筆者代表　平 野 英 俊

改訂版への序文

　本書は，新・図書館学シリーズの第7巻として1998年3月に刊行された『図書館資料論』の改訂版である。

　本書の初版刊行からすでに6年が経過しようとしているが，この間に生じた図書館資料をめぐる変動には極めて大きいものがある。「本は変わる」，「本の未来はどうなるか」といったタイトルの増加からも窺えるように，まず出版の構造変化が大きく進んでいる。その原因は，言うまでもなく，ディジタル化・電子化の進展とインターネットの浸透である。「本とコンピュータ」，「デジタル時代の出版メディア」，「電子ジャーナルで図書館が変わる」等々，図書館資料の変貌に関わるタイトルが近年数多くみられるようになっているのは，そのことの反映である。また，インターネットを通して得られるさまざまな情報，すなわちネットワーク情報資源の急激な増加は，フィルターソフトの問題とともに，そもそも「図書館資料とはなにか」という根幹的な問題をも提起している。さらに，経済不況の影響は，図書館資料費の大幅な削減を招くとともに，公共貸与権をめぐる議論を活発化させ，コレクション評価を含む図書館評価にもいっそう強い関心を向けさせるようになってきた。

　今回の改訂では，図書館資料をめぐるこのような変動を考慮して，いわゆるネットワーク情報資源に関する記述と，出版をめぐる新しい動向についての記述を盛り込むことを最大の主眼とした。このため，特に「第4章　出版をめぐる動向と図書館の自由」は，全面改訂となっている。

　なお，本改訂版では，執筆者2名が交代し，第1章と第2章を平野が，第3章の1，5，6を岸田が，第3章の2，3，4を村上が，第4章を岸が，それぞれ分担執筆している。今回の改訂部分には，現在も日々変化しつつある問題が多く含まれていることから，今後の動向をしっかりと追うことによって，次の改訂につなげたいと考えている。多くの方々のご助言，ご鞭撻をお願いしたい。

　2004年2月

執筆者代表　平野英俊

「図書館資料論」もくじ

監修者（シリーズ）の言葉……………………………………………… i
序　文……………………………………………………………………… iii
改訂版への序文…………………………………………………………… v
はじめに：　図書館の仕事と図書館資料論の範囲………………………… 1

第1章　図書館資料とはなにか………………………………………… 3

1. 情報と記録化…………………………………………………………… 3
2. 記録情報メディアの発展史…………………………………………… 4
   (1) 文字の獲得と記録の始まり……………………………………… 4
   (2) 書写材料の変遷：紙の発明まで………………………………… 6
   (3) 記録情報の物理的形態：冊子本へのあゆみ…………………… 9
   (4) 記録方法の革命：印刷術と大量複製……………………………11
   (5) 音や視覚的イメージの記録とメディア変換……………………13
       a．文字以外の情報記録技術の開発……………………………13
       b．メディア変換資料……………………………………………14
3. 図書館資料とはになか…………………………………………………15
4. ネットワーク情報資源と図書館資料…………………………………17
   (1) ネットワーク情報資源の特性……………………………………17
   (2) 図書館資料としてのネットワーク情報資源……………………19
5. 図書館資料の類型………………………………………………………20
       a．形態からみた類型……………………………………………20
       b．サービス対象からみた類型…………………………………21
       c．用途からみた類型……………………………………………21
       d．刊行元からみた類型…………………………………………21

第2章　図書館資料の種類と特質 ……23

1. 図　書 ……23
2. 逐次刊行物 ……25
   (1) 逐次刊行物とはなにか ……25
   (2) 逐次刊行物の種類 ……27
      a. 雑　誌 ……27
      b. 新　聞 ……29
      c. 年　鑑 ……30
      d. その他の逐次刊行物 ……31
3. ファイル資料 ……31
4. マイクロ資料 ……34
   (1) マイクロ資料とはなにか ……34
   (2) マイクロ化される資料 ……36
   (3) マイクロフィルムの特性と意義 ……39
5. 視聴覚資料 ……40
   (1) 視聴覚資料の種類 ……40
   (2) 視聴覚資料と図書館 ……42
6. パッケージ系電子出版物 ……44
7. ネットワーク情報資源 ……46
8. 視覚障害者用資料 ……48
9. 政府刊行物 ……50
   (1) 政府刊行物とはなにか ……50
      a. 政府刊行物の範囲 ……50
      b. 政府刊行物の種類と意義 ……51
   (2) 刊行・流通の問題と収集 ……53
10. 地域資料（郷土資料，地方行政資料）……55
    (1) 地域資料重視のあゆみ ……55

(2) 地域の範囲と地域資料の種類·····················57

第3章　図書館資料の収集とコレクション構築 ··············59

　1．コレクション構築とそのプロセス·····················59
　　(1) コレクション構築とは·····························59
　　　　a．図書館コレクションとその意義················59
　　　　b．コレクション構築とその概念の変遷············60
　　　　c．コレクション構築に影響を与える要因··········61
　　　　d．コレクション構成の館種別特徴················63
　　(2) コレクション構築のプロセス······················64
　　　　a．一般的なプロセス····························64
　　　　b．図書と逐次刊行物のプロセス··················69
　　　　c．プロセスの機械化····························69
　　(3) コレクション構築に関する研究····················69
　　　　a．ブラッドフォードの法則······················69
　　　　b．資料の老化··································70
　2．資料選択のプロセス·······························70
　　(1) 資料選択の基準と実際····························70
　　　　a．資料収集方針································71
　　　　b．利用者とその要求····························74
　　　　c．資料自体の特徴や価値························79
　　　　d．現時点でのコレクションの特徴················82
　　　　e．資料購入のための予算の制限··················83
　　　　f．相互貸借などによる利用可能性················84
　　(2) 資料選択の体制・組織····························86
　　(3) 資料選択のための情報源··························88
　　　　a．図書に関する情報源··························88
　　　　b．雑誌に関する情報源··························96

　　　　　　　　　c．視聴覚資料に関する情報源……………………………97
　　　　　　　　　d．CD-ROM に関する情報源 ……………………………98
　　　　　　　　　e．古書に関する情報源……………………………………99
　　　　　　　　　f．政府刊行物・地方出版物に関する情報源…………100
　　3．資料収集のプロセス……………………………………………101
　　　　⑴　資料入手の方法…………………………………………101
　　　　⑵　資料収集の実際…………………………………………104
　　4．資料の蓄積・保管のプロセス…………………………………107
　　　　⑴　装　　備…………………………………………………107
　　　　⑵　補修・製本………………………………………………109
　　　　　　a．補　　修………………………………………………109
　　　　　　b．製　　本………………………………………………110
　　　　⑶　排　　架…………………………………………………111
　　　　　　a．排架の機会……………………………………………112
　　　　　　b．書架の種類……………………………………………112
　　　　　　c．排架の方式……………………………………………113
　　　　⑷　保　　存…………………………………………………114
　　　　　　a．紙媒体の保存対策……………………………………115
　　　　　　b．資料の取り扱い方……………………………………117
　　　　　　c．ディジタル媒体の保存対策…………………………119
　　　　⑸　書庫管理──シェルフ・リーディングと蔵書点検………120
　　　　　　a．シェルフ・リーディング……………………………120
　　　　　　b．蔵書点検………………………………………………121
　　5．コレクションの評価・再編のプロセス………………………122
　　　　⑴　コレクションの評価……………………………………122
　　　　　　a．評価の目的と種類……………………………………122
　　　　　　b．評価の手順……………………………………………126
　　　　　　c．評価の実際⑴：コレクション中心評価法…………127

　　　　　　　もくじ　　　　　　　　　　　　　ix

　　　　　　d．評価の実際(2)：利用者中心評価法……………… 132
　　　　　　e．評価指標の標準化と新しい動き……………… 137
　　　(2) コレクション更新……………………………………… 138
　　　　　　a．ウィーディング………………………………… 138
　　　　　　b．複製とメディア変換…………………………… 139
　　6．電子的な情報資源と図書館コレクション……………………… 140

第4章　出版をめぐる動向と図書館の自由 ……………………… 143

　1．出版と電子化…………………………………………………… 143
　　　(1) 出版の意義とプロセス……………………………………… 143
　　　　　　a．出版の意義と特性……………………………… 143
　　　　　　b．出版のプロセス………………………………… 144
　　　(2) 印刷技術と技術革新………………………………………… 145
　　　　　　a．刷版と印刷……………………………………… 145
　　　　　　b．DTP（デスクトップ・パブリッシング）…… 147
　　　　　　c．ワンソース・マルチユース…………………… 147
　　　(3) 電子出版……………………………………………………… 148
　　　　　　a．電子出版の定義………………………………… 148
　　　　　　b．わが国の電子出版の展開……………………… 149
　　　(4) 電子書籍……………………………………………………… 150
　　　　　　a．電子書籍の現況………………………………… 150
　　　　　　b．閲読のための技術・装置……………………… 151
　　　　　　c．電子ペーパー…………………………………… 151
　2．市場流通の中での書籍・雑誌………………………………… 152
　　　(1) 商業出版の特徴……………………………………………… 152
　　　(2) わが国の出版流通…………………………………………… 153
　　　　　　a．流通構造………………………………………… 153
　　　　　　b．取　次…………………………………………… 155

　　　　　　　　　　　もくじ

　　　(3) 委託販売制度……………………………………………… 157
　　　(4) 再販制度（再販売価格維持契約制度）………………… 158
　　　　　ａ．再販制度の弾力的運用…………………………… 158
　　　(5) 図書館への流通………………………………………… 159
　　　(6) ネットワークを利用した書籍流通……………………… 161
　　　　　ａ．オンライン書店（ネット書店）………………… 161
　　　　　ｂ．オンデマンド出版………………………………… 161
　　　　　ｃ．電子書籍…………………………………………… 162
　　　(7) 学術出版………………………………………………… 163
　　　　　ａ．市場における学術出版…………………………… 163
　　　　　ｂ．シリアル・クライシス…………………………… 164
　　　　　ｃ．学術出版と電子化………………………………… 164
　　　(8) 公貸権論争……………………………………………… 165
　　　　　ａ．公貸権とは………………………………………… 165
　　　　　ｂ．算定方法とその対象：諸外国の導入例………… 166
　　　　　ｃ．わが国での議論…………………………………… 167
　３．「知る自由」と「図書館の自由」……………………………… 168
　　　(1) 「図書館の自由」という概念…………………………… 168
　　　　　ａ．「知る自由」と「図書館の自由」……………… 168
　　　　　ｂ．「図書館の自由に関する宣言」………………… 169
　　　　　ｃ．「図書館の自由」にもとづく問題解決………… 169
　　　(2) 「図書館の自由」と市場における出版との関係……… 170
　　　　　ａ．「表現の自由」と「知る自由」………………… 170
　　　　　ｂ．出版流通構造と「知る自由」…………………… 171
　　　　　ｃ．出版内容と「図書館の自由」…………………… 171
　　　　　ｄ．流通市場での自主規制とコレクション構築…… 172
　　　(3) インターネット資源と「知る自由」…………………… 173
　　　　　ａ．インターネットへのアクセスの選択とコレクション

　　　　　　　構築……………………………………………… 173
　　　　b．電子情報，サービス，ネットワークへのアクセス
　　　　　………………………………………………… 173
　　　　c．インターネット情報のフィルターソフトと「資料選
　　　　　択」…………………………………………… 174
参考文献………………………………………………………… 176

はじめに
図書館の仕事と図書館資料論の範囲

　図書館の仕事は，館種を問わず，基本的には図書館資料の，① 収集，② 組織化，③ 管理，④ 提供，の四つのプロセスからなっている。このうち，④の資料提供プロセスは，パブリックサービス（public service，利用サービス）とも呼ばれ，閲覧，貸出，レファレンス・情報サービスなどを中心とする，図書館員による利用者への直接的サービスであるが，図書館資料論で扱う領域には入らない。

　一方，① 収集，② 組織化，③ 管理，のプロセスは，テクニカルサービス（technical service，収集・整理業務）とも呼ばれ，利用者にとっては間接的なサービスであるが，図書館が図書館としてのサービス態勢を整えるためには不可欠の重要なプロセスである。「図書館資料論」で扱う対象は，このテクニカルサービスの領域に含まれる。

　次に，このテクニカルサービスの部分をより詳しく見てみると（次ページの図参照），①の収集プロセスは，(1)選択（selection）と，(2)収集〈狭義〉（acquisition）に，②の組織化プロセスは，(1)資料分類作業（classifying）と，(2)目録作成・編成作業（cataloging, catalog maintenance）に，また，③の管理プロセスは，(1)蓄積・保管と，(2)コレクション評価（collection evaluation）・再編の各サブプロセスに分けることができる。このうち，②の組織化プロセスも「図書館資料論」で扱う領域からは除外される。したがって，「図書館資料論」の対象は，テクニカルサービスの中でも，①の収集プロセスと，③の管理プロセスの二つの領域として設定される。

　つまり，「図書館資料論」の対象とするところは，「図書館資料を選び，受入れ，保管するとともに，不要なものを除き，次の資料選択に生かすためにコレクション評価を行う」という，まさにコレクション構築の中心領域であるということができる。

図書館の仕事の流れ

```
┌─────────────────────────────────────────────────────────┐
│           テクニカルサービス（収集・整理業務）                │
│                                                           │
│  ① 資料収集プロセス〈広義〉                                  │
│       │                                                   │
│       (1) 資料選択プロセス     :（選書）                     │
│       ↓                                                   │
│       (2) 資料収集プロセス〈狭義〉:（収書，受入〈広義〉）      │
│           資料入手のための手続き（発注，寄贈依頼など）→［現品の］検収 │
│           → 登録業務 → 代金支払いの手続き［検収以降の作業を狭義の受入 │
│           という］                                         │
│  ↓                                                        │
│  ② 資料組織化（整理）プロセス                               │
│       (1) 資料分類作業                                     │
│       ↓                                                   │
│       (2) 目録作成・編成作業                               │
│  ↓                                                        │
│  ③ 資料管理プロセス                                        │
│       (1) 資料蓄積・保管プロセス                            │
│           資料装備（資料の保護処理，各種ラベル貼りなど）→ 排架 │
│           → 製本・補修・保存処理 → 書架・書庫管理（蔵書点検など） │
│       ↓                                                   │
│       (2) コレクション評価・再編プロセス                    │
│  ↓        コレクション評価，コレクション更新（＝不要資料選択）│
└─────────────────────────────────────────────────────────┘
       ⇩              ⇩              ⇩
┌─────────────────────────────────────────────────────────┐
│           パブリックサービス（利用サービス）                │
│                                                           │
│  ④ 資料提供プロセス    閲覧，貸出，レファレンス・情報サービス│
└─────────────────────────────────────────────────────────┘
```

　ところで，「図書館資料論」で扱う収集，管理という2領域には，図の①の(2)収集サブプロセスと，③の(1)蓄積・保管サブプロセスのように，一定のマニュアルに従ったルーティンワークの部分と，①の(1)選択サブプロセスと，③の(2)コレクション評価・再編サブプロセスのように，資料評価力と判断力を要求される極めて知的集約度の高い専門的作業の部分の二つの対照的な内容が含まれている。

第1章　図書館資料とはなにか

1．情報と記録化

　「事実，思想，感情などが他者に伝達可能な形で表現されたもの」[1]を情報と定義するならば，今日，われわれは，おびただしい量の情報が飛び交う中で，日々の生活をおくっていることになる。テレビ・ラジオや新聞，雑誌，その他の各種出版物，チラシやダイレクトメール，インターネット上のさまざまな情報，さらには，町中の看板，掲示など，数え上げればきりがないほどである。また，われわれ自身も，電話やファックス，手紙，電子メールなど，個人としてさまざまな情報を発信している。このように，われわれは，情報の発信と受信を繰り返しながら，社会生活をおくっているのである。社会的存在としての人間は，他者との相互の情報伝達を欠いては生きていくことはできないことを考えれば，これは当然のことであろう。

　ところで，こうしたさまざまな情報を分類する観点として，〈**記録されているか否か**〉ということは，決定的に重要な観点である。なぜなら，非記録情報は一過性のものとして消えていく宿命にあり，呼出し・再利用のためには人間の記憶に依存するしか方法がない。しかも，記憶は間違いと忘却を伴いがちであるという欠点をもっている。それに対して，**記録される**ということは，情報が，情報を発信した個体としての人間から離れた存在として固定化されるということであり，このことによって，記録情報は正確な保存と伝達が可能であるという，極めて重要な意義をもつことになるのである。すなわち，電話で話したことや，講演会で聞いたこと，テレビで見たことなどは，メモをとったり，録画

1）　日本図書館協会用語委員会編：図書館用語集　改訂版　日本図書館協会　1996．これに加えて，「ある特定の目的について，適切な判断を下したり，行動の意思決定をするために役立つ資料や知識」(『大辞林』三省堂　1988)だけを〈情報〉と定義する，効果重視の考え方もある。

などをしない限り，各人の記憶の中に保持されるしかないが，例えば書物ならば，いつでもどこでも，同一の内容を，正確に繰り返し再生させることができるのである。

次に，記録情報を分類する観点として，〈**記録された素材が持ち運び可能か否か**〉ということが，重要な観点となる。なぜなら，同じ記録情報でも，岩壁や建造物の壁面などに記録されたものや，屋外広告塔などは，伝達の範囲がその場に制約されるのに対し，持ち運び可能な素材に記録されたものは，時間と空間を超えて，より広範囲な伝達が可能となるからである。

さらに，この持ち運び可能な素材に記録された情報を分類する観点として，〈**大量に複製が可能か否か**〉という観点が極めて重要な意義をもつ。確かに，手書きで製作された一冊の写本は，時間と空間を超えて伝達が可能であるという点で，一過性情報にはない，いわば永遠の生命を与えられているということができる。しかし，印刷という，一つの版をもとにした大量複製の技術は，写本時代にみられた異本[1]の流通という問題を克服するとともに，情報を共有できる範囲を拡大し，情報の再利用，再生産の範囲を飛躍的に広げたという点で，画期的な意義をもっているといわなければならない。

2．記録情報メディアの発展史

（1） 文字の獲得と記録の始まり

「人類がこれまでに経験したコミュニケーションの大革命は3回あったという。最初の革命は言語を使うようになった時。二番目は文字を使い始めた時。三番目は印刷を発明した時である。」[2]といわれるが，人類が情報の相互伝達の手段

1） 元来，同一の書物であるが，書写の繰り返しなどの事情によって，文字や順序などに異同を生じている本。こうした異本を照らし合わせて，誤謬，脱落などを検討し，類書中の標準となるように本文を定めた書を**定本**という。
2） 『プリンティングカルチャー――今，甦える文字と印刷の歴史』ミズノプリテック　1993　p.1.

2. 記録情報メディアの発展史

元来の絵文字	90°ひっくり返された処	古代バビロニア	アッシリア	意味
				鳥
				魚
				ロバ
				牡牛
				太陽・日
				穀物
				畠
				鋤く, 耕す
				ブーメラン, 投げる
				立つ, 行く

1-1図 楔形文字（『粘土に書かれた歴史』岩波新書 1958 p.59 より）

として，いったい，いつ頃に言語を獲得したのかは，今のところ定かではない。数十万年も前のことだともいわれるが，相当長い期間にわたって「人類が文字を使わない言語文化――記憶による伝承――を行なってきたのも事実である。」[1]

しかし，音声言語を媒体とした情報伝達は，その場限りのものであり，正確な再現が困難であった。こうした限界を乗り越えるために，人類は記憶の一助

---

1) ジョルジュ・ジャン著，高橋啓訳：文字の歴史　創元社　1991　p.3.

として，単純な記号を身近な素材に書き付けたり，絵を描いたりすることを始めたのである。〈記録の始まり〉であった。数万年も前のことである。「しかし，その記号やシンボルが体系づけられ，複雑な感情や考えまで表現できる〈文字〉となるまでには，長い時間が必要だった。」[1)]

歴史上初めて文字を生み出したのはメソポタミアのシュメール人で，今から5,000年以上も前の紀元前3000年頃のことであった（楔形文字，cuneiform）。ほぼ同じ頃，エジプトでもヒエログリフ（神聖文字，hieroglyph）と呼ばれる文字が考案された。さらに，中国でも，紀元前1500年頃，甲骨文字が作られた。いずれも，絵文字から発達した象形文字であった[2)]。こうした文字をもつことによって，人類は，複雑な内容の情報を記録し，それを広く共有することを可能としたのである。文字の発明こそは〈**本格的な，真の記録の始まり**〉であった。

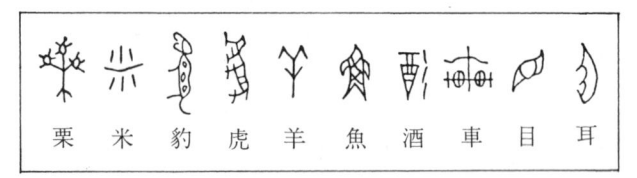

1-2図　ヒエログリフ

1-3図　甲骨文字

（2）書写材料の変遷：紙の発明まで

人類が書写の材料として利用したものは，時代と地域によりさまざまであった。有名なアルタミラ（スペイン）やラスコー（フランス）の洞窟壁画（旧石

---

1)　ジョルジュ・ジャン著：前掲書　p.16.
2)　象形文字が**人類の文字の第一の発明**と呼ばれるのに対し，紀元前1500年頃に登場したアルファベットは，一つの文字が一つの音を表し，それらを組み合わせて言葉を作るという点で，文字の歴史における革命であり，**人類の文字の第二の発明**と呼ばれる。

器時代後期のもの）は，岩壁を利用して刻みつけたものであり，古代エジプトの神殿の壁や柱にはヒエログリフが，また，メソポタミアの宮殿の壁には絵とともに楔形文字が記されていた。しかし，これらは，その場を離れて持ち運ぶことができなかった。

一方で，人類は，次に示すように，身近にあるさまざまな持ち運び可能な素材を書写材料として利用するということをしてきた。それらは，そのまま〈書物・本〉のプロトタイプ（原型）となるものであった。

① 粘土： メソポタミア地方で紀元前3000年頃から使われたもので，粘土が柔らかいうちに葦の尖筆（スティルス）で楔形文字を刻み，日干し，または素焼きにした。粘土板（clay tablet）または陶本とも呼ばれる（1-5図）。

② パピルス： 高さ2メートルほどの水草の一種で，茎の中の髄を薄くそぎ，それを縦・横に重ねて水分を加え，布で挟んで木槌で丹念に叩いた後乾燥させる。文字は葦のペンとインクで記された（1-6図）[1]。紀元前3000年頃の古代エジプトで考案され，地中海世界に広まった。片面しか書けなかったが，原料が安価で手に入りやすく，早く書けるという利点があった。

③ 動物の皮： 羊や山羊の皮でつくったパーチメント（羊皮紙）と仔牛の皮でつくったヴェラム（犢皮紙）があった。強靭で耐久力があり，滑らかで両面書写が可能などの利点から，パピルス紙にとってかわった。ただ欠点は，高価だったことである[2]。紀元前2世紀頃の小アジアで考案されたが，ヨーロッパでは，中世1,000年間を通して15世紀頃まで書写材料の中心として用いられた。

④ 植物の葉・竹・木： 古代インドを中心とする東南アジアでは，多羅樹の葉（貝多羅〔葉〕という，1-7図）に経文などを刻んだ。また，中国で

---

1) ヒエログリフのような凝った書体は，パピルスに書くには適さなかったため，ヒエラティック（神官文字）やデモティック（民衆文字）などの草書体が考案された。
2) 聖書一冊に210頭から225頭の羊が必要だったという。(A.G.トマス著，小野悦子訳：美しい書物の話　晶文社　1997　p.22.)

は，紀元前から，竹簡・木簡と呼ばれる，細幅の竹片や木片が利用された。日本でも，多くの木簡（1-10図）が発掘されている。

⑤ その他： 他にも，歴史的には，石，貝，象牙，獣骨，金属板，絹布，麻布，樹皮など，およそ考えられる限りの身近な素材が利用された。

⑥ 紙の発明と伝播： ところで，原料が安く大量生産が可能なこと，一定以上の耐久力があること，しかも書きやすく，軽くて扱いやすいことなど，多くの利点により書写材料に革命をもたらしたのは〈紙〉であった。紙は，西暦105年に中国の蔡倫が発明したとされるが[1]，それは画期的な書写材料として全世界に広まった。わが国には7世紀初めに伝えられたが，西方にはシルクロードを経由して，アラビア半島から地中海沿いに伝播し，12世紀半ばにスペインに入った。しかし，ヨーロッパ全土に製紙法が広まるのは16～17世紀初めのことであった（1-4図）。

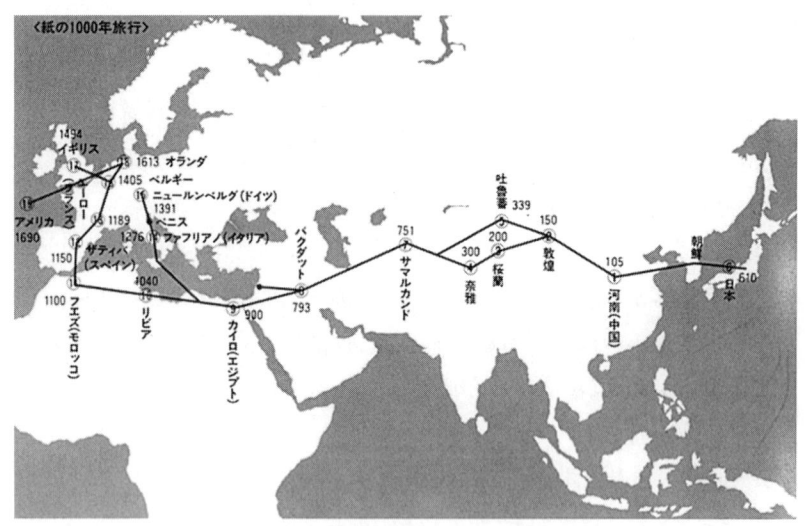

1-4図　製紙法の伝播経路と時期
（『プリンティングカルチャー』ミズノプリテック　1993　p.19より）

1）樹皮と麻やぼろ，魚網などの植物繊維を漉きあげたものであった。実際には，これより200年も前に紙は発明されていたようで，蔡倫は発明者というよりも，大成者，完成者というのが本当のようである。

2．記録情報メディアの発展史

（3） 記録情報の物理的形態：冊子本へのあゆみ

　書写材料の違いは，記録情報のさまざまな物理的形態を生み出した。〈粘土板〉（1-5図）は綴じることもつなぐこともできなかったが，〈パピルス紙〉は何枚もつなぎ合わせることによって巻子本形態を生んだ。また，〈貝多羅〔葉〕〉は，重ねて，真ん中にあけた穴に通した2本の紐でつなぎ，上下に表紙のような板をあてて用いた（貝多羅葉本，1-7図）。〈竹簡や木簡〉（1-10図）は，1本に1行の文字を書き，これを紐で編んでつなげて巻物とした（冊書と呼

1-5図　粘土板文書（『文字と書物』同朋舎　1994　p.9より）

1-6図　パピルス文書（『文字と書物』同朋舎　1994　p.20より）

貝多羅（葉）は高さ12〜30m，直径0.6〜1mのヤシの樹の葉で，葉は大きな扇子のように折りたたまれている。この葉柄をほぐして切りそろえ，蒸したりしてシート状にする。この両面に竹製のペンで墨書する。又は，とがった鉄筆で文字を書き，油でねった木炭の粉を塗って経文などを書き，穴をあけて紐で綴じ，冊子にする。

1-7図　貝多羅葉本
（『プリンティングカルチャー』ミズノプリテック　1993　p.89より）

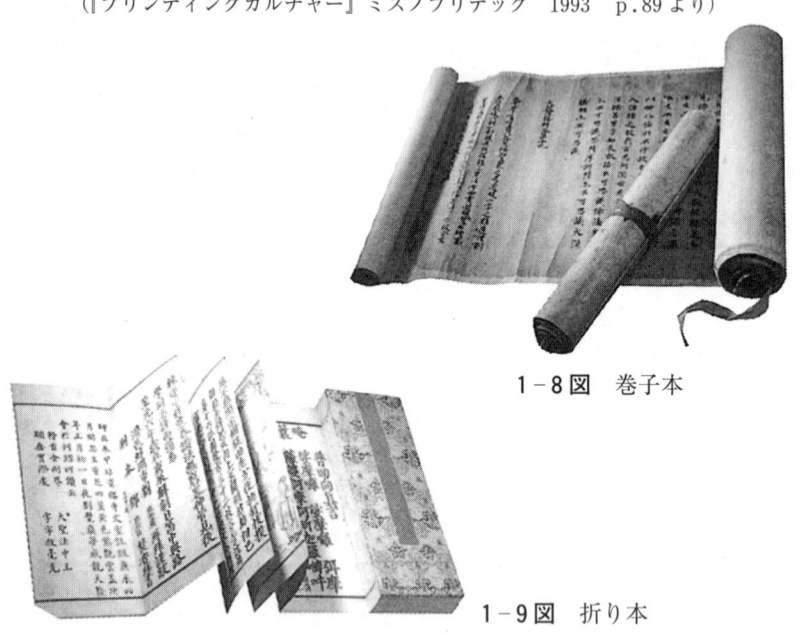

1-8図　巻子本

1-9図　折り本

ぶ）。しかし，両面書写が可能で，折りたたみ自由な〈皮紙〉の登場は，巻子本から製作，保管，利用に便利な冊子本（コデックス，codex）へという書物形態の革命的変化を生んだ。そして，書写材料が紙にかわった後も，今日まで，最も一般的な情報記録形態としての地位を保ち続けてきている。（9世紀半ばには，中国でも巻子本を折り本にする技術を経由して冊子本の時代に入った）（1-8，1-9図）。

(4) 記録方法の革命：印刷術と大量複製

情報を文字や絵を用いて記録する方法としては，歴史的には，手書き時代が圧倒的に長い。葦の尖筆で刻んだり，ペン（葦や羽製）や筆とインクを用いたり，時代により道具は違ったが，人が一点一点手作業で書き付ける点は同じであった。

こうした写本（manuscript）の世界に革命をもたらしたのが印刷術である。一般には，印刷は木版印刷から活版印刷へという流れをたどったが，いずれも中国で発明された[1]。中国の木版印刷は7～8世紀の唐代に始まり，宋代にその黄金期を迎えた。

一方，この頃から元・明の時代にかけ，陶活字本や木活字本，銅活字本などの活版印刷も始まった。しかし，中国では，あくまで木版印刷が主流であった。

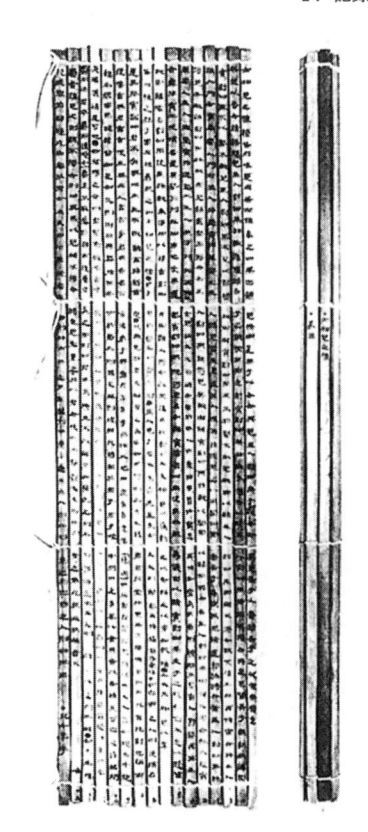

1-10図　木簡（長澤規矩也『図解図書学』汲古書院　1975より）

西洋でも，14世紀末から15世紀初め頃に，中国の木版印刷術が伝えられたが，ほどなくグーテンベルクによる活版印刷術の発明を迎え（1450年頃），木版印刷は短命に終わった[2]。鋳造が容易な鉛合金を使い真鍮（しんちゅう）の鋳型で作った精度の高い金属活字，油性のインク，均質なプレスが可能な印刷機の使用など，画期的な技術であった。もちろん，製紙技術の広がりも大きな助けとなった。ルネサンスを時代背景として生まれたこの発明は，羅針盤・火薬と並ぶ近代をもたらした三

---
1) 印刷本を〈刊本〉といい，活版によるものを〈活字本〉，木版によるものを〈版本〉と呼ぶ。なお，わが国には，現存する世界最古の印刷物である「百万塔陀羅尼経」がある（770年）。
2) 活版印刷術の発明後1500年までの50年間にヨーロッパで印刷された書物は「インキュナブラ（incunabula）」（揺籃期本）と呼ばれ，珍重されている。

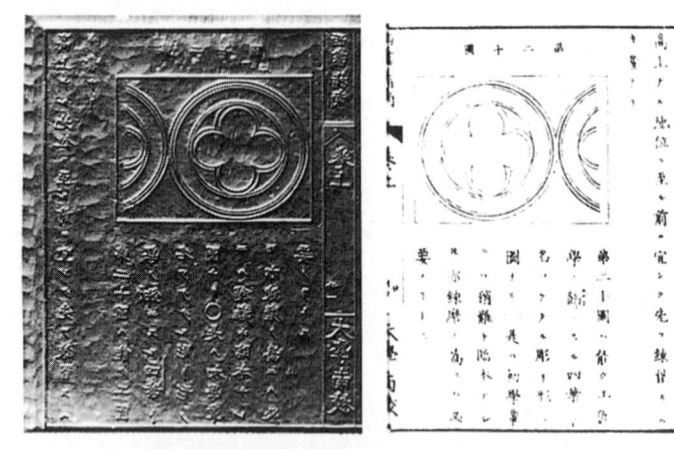

1-11図　木版印刷（右）と版木（左）（「印刷技術のあゆみ展」カタログ　1979より）

1-12図　活版印刷術（『文字と書物』同朋舎　1994　p.40より）

大発明と呼ばれ，社会・文化全般の革新と発展に大きな影響を及ぼした。特に，同一内容の情報の大量複製は，知識・情報の伝播・普及と特権階級からの学問の解放に大きく寄与するところとなった。

　このようにして，〈紙〉に〈印刷〉された〈冊子形態〉のものという，今日，われわれの誰もが〈書物・図書・本〉としてイメージするものが出来あがったのである。

（5） 音や視覚的イメージの記録とメディア変換

a. 文字以外の情報記録技術の開発

活版印刷の始まりは，確かに記録方法の革命的変化であったが，現在では，コンピュータ組版システム（Computerized Typesetting System：CTS）（1970年代に実用化）や，パソコンを使って執筆から編集・印刷までの全作業を机上で処理するデスクトップ・パブリッシング（Desktop Publishing：DTP），さらには製版のディジタル化などによって，従来の活字組版はほとんど姿を消し，本づくりの実態は革命的といってよいほどに変わってしまっている[1]。しかしこれらも，文字を使って記録するという5,000年前に始まった方式に何ら本質的変化を生じさせるものではなかった。人間が言語によってコミュニケーションを図ろうとするかぎり，言語による文化伝達の優位が動かないのは当然であろう。しかし一方で，そもそも言葉（言語）では伝えられないか，不十分にしか伝えられない情報というものが存在することもまた事実である。

文字（言語）のもつ限界を克服するものとしては，数量データの表現を可能にした〈**数字や数学的記号**〉，音楽を表現する〈**音符システム**〉の考案などが挙げられる。しかし，文字の代用品をもってしても，われわれが耳で聞ける状態で音楽を記録することはできなかったし，風の音や鳥のさえずりをそのまま伝えることもできなかった。また，風景や事件の光景なども，描画や版画などで実物と似かよったものを伝えることができただけである。

こうした〈音〉や〈視覚的イメージ〉をそのまま記録する技術は19世紀半ば以降の技術開発を待たなければならなかった。すなわち，〈**写真技術**〉の発明（1840年頃），動く映像を可能にした〈**映画技術**〉の開発（1890年代），さらに〈**録音技術**〉の考案（1850年代）などがそれであった。こうして実現した視聴覚資料の誕生により，記録情報の範囲は画期的な拡大をみた。オーディオ・ビジュアル・コミュニケーションの幕明けであった。もちろん，こうしたオーディオ・

1） 第4章の1.（2）を参照（pp.145-148）.

ビジュアル資料（AV 資料）の登場は，記録材料や，記録の物理的外形に変化をもたらすとともに，その多くが利用の際に再生機器を必要とするという，従来の書物とは全く違った特質を生じさせることにもなった。

b．メディア変換資料

ところで，これまで記録できなかった対象を記録可能にしたというわけではないが，同一の情報内容を記録方法や材料を変えて記録した，いわゆる〈**メディア変換**〉による新しい資料も誕生した。視覚障害者のための〈**点字資料**〉[1]や，貴重な資料の入手・保存のための〈**マイクロ写真**〉などがそれであり，文字情報を中心とする従来の資料の置き換えであった。

また，近年，辞書や百科事典，書誌・索引などの二次資料を中心とした CD-ROM や DVD での出版[2]，映画などの DVD 版の刊行，音楽におけるアナログ・レコードから CD への移行，さらにはディジタル・カメラによる写真など，さまざまな光ディスクを媒体とした〈**電子資料**〉が急速な広がりをみせている。これらは〈**パッケージ系電子メディア**〉と呼ばれるが，いずれも，これまで記録できなかった対象を記録可能にしたものではなく，基本的にはメディア変換資料と考えてよいものである。しかし，こうしたディジタル化技術による電子資料は，情報収録量が極めて大きいうえに，文字情報，画像情報，音声情報などを共に収録して利用できる〈**マルチメディア化**〉を可能にしたり，従来のメディアにはない高度の検索機能，ダウンロード機能を付加できるなど，単なるメディア変換にとどまらない画期的な機能をもつものとして活用されている。

利用にあたって，コンピュータや専用機器の介在を要する点はオーディオ・ビジュアル資料と同様である。

1） 点字は 1829 年にフランスのブライユ（Louis Braille）が考案したが，日本では 1890（明治 23）年に 50 音式に翻案されて導入された。なお，視覚障害児が触覚で鑑賞できるように製作された〈さわる絵本〉も一種のメディア変換によるものといえる。

2） 電子出版（electronic publishing）といい，電子図書や電子雑誌がある。インターネット・WWW を利用したものは〈ネットワーク系電子メディア〉と呼ばれる。

3. 図書館資料とはなにか

　人類は古来，前節でみたようなさまざまな持ち運び可能な書写材料を考案し，そこに情報の記録を行ってきたが，こうした記録情報はすべて，収集し保存することが可能であった。そのことが時間と空間を超えた情報の伝達と再利用を可能にしたのである。いわば，経験や知識が蓄積され，再活用されるようになったのであり，それなしでは人類の文化の発達はなかったといっても過言ではない。それは"人類の記憶"であり，"知的遺産"であり，貴重な歴史資料でもあった[1]。

　結論から言うならば，こうした**〈記録情報はすべて図書館資料となる資格をもっている〉**。図書や雑誌・新聞などはもちろんだが，チラシやビラの類も図書館資料となり得る。また，電話帳や各種名簿もそうである（名簿図書館として営業しているところもある）。さらには，私信（手紙など）や日記・メモなどの記録類でさえ図書館資料となり得るのである。なにも政治家や作家・思想家など有名人のものに限られるわけではない。自由な公開利用を許すか否かは別として，名もなき庶民の記録が，人々が何を考えて生きていたかを伝える貴重な史料にもなることは明らかである。各種の写真・映像資料，映画，さらにテレビ・ラジオの放送番組なども保存の対象になることはいうまでもない。もっとも，記録資料の発展の歴史からみて，図書館資料の圧倒的大部分が図書や雑誌などの印刷資料であることは事実であるが……。

　このように考えてみると，世の中に〈図書館資料〉という資料が存在するわけではない。また，ある図書館がすでに受入れ，収蔵している資料だけが〈図書館資料〉というわけでもない。〈図書館資料〉とは，図書館が収集し利用に供しようと意図する記録資料のことであり，すべての記録情報がその対象になり得るといえよう[2]。大事なことは，個々の図書館がどんな記録情報に収集・保存の意義を見出すかである。それは，各図書館の目的・存在意義によって決まる

---

1) E. Chiera著，板倉勝正訳：粘土に書かれた歴史　岩波書店　1958. や，平野邦雄・鈴木靖民編：木簡が語る古代史　上下　吉川弘文館　1996. などを参照。

もので，収集の対象や構成などが館種や利用者のニーズによって自ずと異なるのは当然である。

ところで，同じ記録情報であっても図書館資料と文書館資料の違いについてふれておかなければならない。文書館資料（archival material）とは，「個人や，個人の集合体である組織体（役所，企業，団体など）が，その活動を遂行する過程で特定の目的をもって……記録した一次的な情報，つまりナマの記録群のうち……情報資源として……保存されるべきもの」[1]であり，それらは，「発生組織体の機構や活動の流れを反映した"秩序ある群"（＝有機的な構造体）として存在している」[1]とされる。すなわち，文書館資料は，発生源を明らかにする〈出所原則〉と〈原秩序尊重の原則〉を持ち，一点ごとの分類ではなく全体の編成を重視するという点で，図書館資料とは大きな違いがある。たとえば，あるテレビ番組を選択して記録し資料に組み入れれば図書館資料だが，テレビ局が作成した番組フィルムをその制作順に保存することになれば，それはフィルム・アーカイブズ（film archives）である。確かに，図書館がこうした文書館資料を収蔵する場合もあるが（○○家文書など），ナマの記録文書である公文書や古文書・古記録類については，公刊資料を主とする図書館資料とは区別して，文書館が存在するところでは，任務分担を図ることが望ましいであろう。

また，博物館で収集・保存・展示される「実物，標本，模写，模型，文献，図表，写真，フィルム，レコードなど」は博物館資料（museum material）と呼ばれるが，公共図書館の地域・郷土資料の中にも，こうした実物や標本類が含まれることがある[2]。これらを博物館的資料と呼ぶが，図書館資料の中核ではなく，できれば，これも博物館との間で任務分担を図ることが望ましい。

しかしながら，図書館資料は，必ずしも博物館資料や文書館資料と排他的な概念というわけではない[3]。

前頁2）　図書館の収集対象を，辞書や百科事典は，「図書・記録その他の資料」「記録された文化財」「言語的・図象的な記録された知的文化財」「人類の知的所産である図書をはじめとする記録情報」など，さまざまな表現で説明しようとしている。
1)　安藤正人・青山英幸編：記録史料の管理と文書館　北海道大学図書刊行会　1996　p.2-3.
2)　学校図書館で扱われる教材資料などにも，こうした実物や標本類が含まれる。
3)　『図書館情報学用語辞典　第2版』　丸善　2002.

4. ネットワーク情報資源と図書館資料

インターネットの発達とWWW（World Wide Web）の世界的な広がりは，誰もが自由に情報を発信し，そうした情報を誰もが容易に受信・利用・加工・再発信できる環境を実現したという意味で，コミュニケーションの世界に第4の革命ともいえるものをもたらした[1]。

現在では，Web上を日々おびただしい量の情報が飛び交っている。もちろん，その情報内容は玉石混交であり，いわゆる"がらくた（stuff）"情報も極めて多いのは事実である。しかし，一方で，オンライン出版[2]や，重要な資料・情報・データのアーカイブズ的蓄積情報，各種データベース，さらには生活や研究などに役立つさまざまな情報サービスなど，有用な情報が満載されているのもまた事実である。今日，われわれが，こうした〈ネットワーク系電子メディア〉を利用して発信される〈ネットワーク情報資源〉と呼ばれるものに依存する度合いは飛躍的に高まってきている。まさに，電子化時代の到来を実感させるものといえよう。

(1) ネットワーク情報資源の特性

記録情報によるコミュニケーションの主流である印刷本（印刷文化）は，写本（手書き文化）に対して，次の三つの優れた特質をもっているといわれる[3]。

① **標準化**（standardization）：本作りが，企画・編集など，一定の標準的出版プロセスに則って行われるようになり，そのことが著者，出版社，読者の間に暗黙の信頼関係とでもいうべきものをつくり出した。

② **普及性**（dissemination）：印刷という大量複製手段の利用が，一点ずつの手写しによる複製に比べて，情報の伝播・普及の範囲を著しく拡大させ

---

1) 第1，第2，第3の革命についてはp.4を参照。
2) 伝統的な資料形態である図書や雑誌，新聞等の内容，すなわちコンテンツ（contents）のみを電子化して発信するもので，ネットワーク系電子出版物とも呼ばれる。Online Publications.
3) Gorman, Michael. *Our enduring values : librarianship in the 21st century.* ALA, 2000. pp.60-61.

ることになった。

③ **不変性**（fixity）：写本時代には，異本の出現を避けることができなかったが，同一物の大量複製という印刷術はコンテンツの不変性をもたらした。

それでは，こうした写本から印刷本へという発展の延長線上に，現在急速に比重を高めつつあるネットワーク情報資源（電子化文化）を置いたとき，そこにはどのような特質を見つけることができるのだろうか（1-13図）。

まず，普及性に関しては，同時・大量・高速アクセスが可能なインターネッ

	標準化 (standardization)	普及性 (dissemination)	不変性 (fixity)
手書き文化 (script culture)：写本	△	△ 1点ずつの手写し	△ 異本の存在
印刷文化 (print culture)：印刷本*	○ 標準的出版プロセス	○ 大量複製	○ 大量複製
電子化文化 (electronic culture) ：ネットワーク情報資源	△ 誰もが自由に情報発信	◎ 大量アクセス	△ オリジナルは一つ 内容は絶えず変化

＊パッケージ系電子資料を含む

1-13図　手書き文化・印刷文化・電子化文化の特性比較

トを利用することで，情報を共有できる範囲は印刷による大量複製とは比較にならないほど広がった。

しかし，不変性については，情報が基本的に発信者のサーバに置かれ，修正・変更が発信者の手に握られていることから，完全な意味での情報の固定化は保障されない。つまり，情報は日々更新・変更がありうるのであり，不変性という点では極めて不安定な情報である。もっとも，これこそがネットワーク情報資源の最大の長所でもあり，データベースやOPACのように絶えず最新の状態であることが求められるものにとっては，最良のメディアなのである。

また，標準化の面でも，誰もが自由に情報を発信できることから，標準的な出版（公表）プロセスを経ることはない。これもネットワーク情報資源に特有

の長所だが，一方で，情報の信頼性への疑義を生じる原因にもなっている。

(2) 図書館資料としてのネットワーク情報資源

　情報内容が絶えず変化し，しかも無体物であるという特性をもつこれらネットワーク情報資源は，収集・保存することによって自館のコレクションとするという従来の有体物としての図書館資料の考え方には極めてなじまない性格をもっている。つまり，発生・消失を繰り返しながらネット上を飛び交う情報は，そのままでは図書館資料とはいえない。

　しかしながら，図書館が人々のさまざまな情報要求に応えようとするとき，これらネットワーク情報資源は，有用な外部情報資源として，今日では大きなパワーをもつようになっている。こうした状況を考えると，図書館がとるべき対応としては，次の三つが考えられるであろう[1]。

① 自由なインターネット利用の場を提供すること。

　さまざまな資料・情報へのアクセスを保障する機関として望ましい対応だが，フィルターソフト（filtering (or blocking) software）の導入，つまり無制限の利用を認めるか否かという問題や，課金の問題が存在している[2]。

② 有益な情報源としてのサイトを選択し，リンクサービスを提供すること。

　これによって，図書館のホームページを開けば，図書館お勧めのさまざまなサイトへのアクセスが可能になる。

③ 有用なウェブサイトを選択して，自館のサーバに収集・保存する。

　これは，無体物としてのウェブ情報を資料化して保存・提供しようとするものであるが，実験的試みが始まったばかりである[3]。

---

1) 第3章の6.も参照（pp.140-142）．
2) 第4章の3.(3)も参照（pp.173-175）．
3) 国立国会図書館が，平成14年度からウェブ情報を文化資産として保存する実験を行っている。インターネット資源選択的蓄積実験事業，WARP（Web Archiving Project）．

5．図書館資料の類型

前節までの考察に基づき図書館資料を類型化するならば，次のようになるであろう。類型化の基準はさまざまに考えられるが，主要なものを以下に挙げる。

a．形態からみた類型

① 手書き資料（書写資料）： 写本や古文書，古記録類が中心であるが，本質的に一点資料であるため，異本が生じる可能性が大きく，特別な存在である[1]。

② 印刷資料： 図書館資料の中心的存在である。図書を筆頭とし，雑誌・新聞・年鑑などの逐次刊行物，パンフレット・リーフレット・一枚ものなどのファイル資料，その他紙芝居，楽譜，地図など多くの種類が存在する。

③ 手書き以外の非印刷資料： 写真・スライドなどの視覚資料，レコード・CD・カセットテープなどの聴覚資料，ビデオテープ・ビデオディスク・映画などの映像・音響資料（以上まとめて視聴覚資料という）をはじめ，マイクロ資料（中心はマイクロフィルム），電子資料（CD-ROM，DVDなどのパッケージ系メディア）などがある。このほか，点字資料やさわる絵本（手作りではあるが）などの触覚による資料を挙げることができる。

④ 博物館的資料： 民芸品，各種民俗資料，出土品などの実物，標本や，三次元地図資料であるジオラマ（地形模型）などの立体資料が含まれるが，図書館資料の中心ではない[2]。もっとも，立体資料だから博物館的資料であるというわけではない。たとえば，立体地図（地球儀などを含む）と平面地図は，単なる記録形式の違いにすぎず，ともに立派な図書館資料である。

1） 古文書，古記録類について，文書館が存在する場合には，任務分担を図ることが望ましい。
2） いわゆるメディアセンターをめざす学校図書館の場合，教育・学習活動に必要なすべての種類の情報メディアを収集すべきとの考えがあるが，わが国の実態はそれとはほど遠いのが現実である。

b．サービス対象からみた類型

① 一般成人向け資料
② ヤングアダルト向け資料： 12歳から18歳ぐらいまでの青少年が対象
③ 児童向け資料： 幼児から中学1年生程度までの児童が対象
④ 視覚障害者用資料： 点字資料，拡大図書，録音資料，さわる絵本

などがある。

c．用途からみた類型

① 一般貸出用資料
② レファレンス用資料： レファレンスブック（参考図書）が中心であるが，自館作成・編成の，いわゆる〈インフォメーション・ファイル〉

などもある。

d．刊行元からみた類型

① 民間出版社により刊行された資料
② 官公庁により刊行された資料： 政府刊行物や地方行政資料と呼ばれる
③ 自作資料

このような分類基準に基づく類型を組み合わせると，次に例示するようなさまざまな資料カテゴリーを考えることができる。

- 〈一般成人向け〉　〈レファレンス用〉〈民間出版社による〉〈電子資料〉
- 〈一般成人向け〉　〈貸出用〉　〈官庁刊行の〉　〈マイクロ資料〉
- 〈ヤングアダルト向け〉〈貸出用〉　〈民間出版社による〉〈ビデオ資料〉
- 〈児童向け〉　〈貸出用〉　〈自作による〉　〈紙芝居〉
- 〈視覚障害者向け〉〈レファレンス用〉〈官庁刊行の〉　〈点字パンフレット〉
- 〈視覚障害児向け〉〈貸出用〉　〈自作による〉　〈さわる絵本〉

なお，ネットワーク情報資源のサービスについては，次のような類型が考えられるだろう。

① 自館作成情報の発信：自館のOPAC公開，自館所蔵資料を電子化したものの発信。
② 他機関へのリンク・サービス：
- 他館のOPACや各種データベース・サービス
- 各種アーカイブズ（バックナンバーの電子ジャーナル・ストックなど）
- オンライン出版（雑誌のカレント版，新聞など）
- その他の有用なサイト

③ ウェブ・アーカイビング： ウェブサイトの保存・提供[1]

---

1) 第1章4.(2)参照（p.19）。

第2章　図書館資料の種類と特質

1．図　　書

　図書（books）とは，さまざまな情報を，文字を中心として図や絵，写真などによって表現し[1]，それを印刷した紙を複数枚綴じ合わせて表紙をつけた形態をしているものである。しかし，形態は同じでも，雑誌など逐次的に刊行される"逐次刊行物"とは区別され，さらに厚さの面でも一定以上のものを想定しているのが普通である。ページ数の基準は必ずしも明確ではないが，ユネスコでは，統計作業上，「うらおもての表紙を除き，**49ページ以上**の印刷された非定期刊行物」と定義しており，それより薄いものは，パンフレット（小冊子）と呼んで区別している。

　人間は，最も抽象化されたシンボルである言語によってコミュニケーションを図ることのできる動物であり，その言語（特に文字言語）による文化伝達の中心的役割を果たしてきた道具が図書であったし，それは現在でも基本的に変わってはいない。

　"図書"は，多様な内容をもち，ハンディーで，コンパクトで，相応の耐久性もあり，値段も適度であることから，「最も古くからある記録メディアとして，すでに完成の域に達している」[2]といわれる。その理由は，情報へのアクセスのしやすさと，読み手の主体的な対応が可能であり，また必要とされてもいることである。すなわち，内容を読み取るのに何の装置も必要としないし，「読み手が主体となって読むスピードや順序をコントロールすることができる」[2]。つま

---

1) 図書とは，中国の古典「易経」中の句「河出図，洛出書」を出典とする「河図洛書」の略といわれる。すなわち，絵図と文字を意味している。もっとも，写真集や絵画集，統計書，漫画本など，文字を含まないか，部分的にしか含まないものもあり，必ずしもすべてが文字中心の情報というわけではない。

2) 三浦逸雄・根本彰：コレクションの形成と管理　雄山閣　1993　p.33-34.

り,「読みながら考えたり, 一度読んだところに再度戻ったり, 読み比べたりといった反復の過程を可能にする。…（そして）この過程が深い思索と批判的な思考を可能にする」[1]のである。

図書（特に市販図書）の出版状況については,「出版年鑑」（出版ニュース社）に詳しいが, 1977年に25,148点であった新刊図書が, 1994年に53,890点と約2倍になり, その後, 1996年には60,462点, さらに2001年には71,073点と, 7万点を超えるに至っている。また, 収集する側の図書館でも, 図書は, いまでも図書館資料の中心であり, 公共図書館の場合で, 資料費の80％強を占めている（雑誌・新聞などの逐次刊行物を含めると90％強になる）。

しかし, こうした出版点数の大幅な伸びも, 売れ行き不振を新刊を増やすことで補っているだけだとの批判もある。また, コミック本や軽い読み物, 人気タレントの本（すべてが軽いわけではないが）など, 安直な本作りが批判されてもいる。本が消耗品化し, 短命になっているのであり, それがまた売り上げ減や高い返品率を招くという悪循環を起こしているといわれる。出版が産業として行われ, 図書が商品として流通するものであるかぎり, 出版界がこうした社会の変化に敏感に対応するのはやむをえないことかもしれない。さらには, ビジュアルな文化の浸透に伴い, そもそも文字主体の本やいわゆる"かたい本"が売れなくなっており, その背景に活字離れ, 思考離れといわれる現象が進行しつつあるという問題も指摘されている。

一方, 伝統的な印刷形態の図書の短所も明らかになってきている。特に, 近年に発達の著しい電子資料（パッケージ系とネットワーク系があるが）は, 次のような場合には, 図書に比べて圧倒的に有利である[2]。

① 刻々と変化する情報を扱う場合。すなわち, 時刻表や為替レート, 図書館目録などは, 冊子よりオンラインで提供される方が適切であろう。

② 情報を再編・加工する必要がある場合。統計データ等はその代表である。

---

1) 前頁脚注2) と同じ。
2) Buckland, Michael. *Redesigning library services*：*a manifesto*. ALA, 1992. p.45.
　　高山正也・桂啓壮訳：図書館サービスの再構築：電子メディア時代へ向けての提言　勁草書房　1994　p.67-68.

③ 膨大な情報の中から特定の語句を検索しようとする場合。コンコーダンス（concordance, 本や作品の用語索引）や書誌・索引の類が最も良い例である。
④ 遠隔地からの資料通覧を可能にしたい場合。
⑤ 情報内容の迅速な伝達が要求される場合。図書という媒体を経ないで，コンテンツだけを電子化して提供した方がよいことは明らかである。

こうしたことから，今後は，伝統的図書，パッケージ系電子出版物，ネットワーク系メディアが，それぞれの特性を生かしながら，一層の住み分けを進めていくことになるであろう。

2．逐次刊行物

（1） 逐次刊行物とはなにか

逐次刊行物（serials）とは，次のような特徴をもつ出版物のことである。
① 同一標題（title）を掲げて分冊刊行される継続出版物で，通常，各分冊とも同一形態をしている。
② あらかじめ最終期限を定めず連続して刊行することが意図されている。
③ 各分冊には巻・号（volume-number），通巻番号，年（月）（日）など，刊行順序を示す一連の表示（追い番号）が付いている。

ところで，これら三つの条件による逐次刊行物の判定については若干の説明が必要である。

第1は，出版社が主にその社名を冠したシリーズ名（〇〇文庫，新書，選書など）を付けて逐次刊行する，いわゆる〈出版社シリーズ〉（publisher's series）についてである。これらは，シリーズを構成する各著作が完全に独立した著作物であることと，なによりもその刊行形式が出版社の販売政策上とられているにすぎないことから，逐次刊行物とは呼ばない。

第2は，〈モノグラフ・シリーズ〉（monograph series）と呼ばれる出版物に

ついてである。モノグラフとは専攻論文とも訳され，ある特定の問題だけを詳しく研究した著述のことであるが，研究調査機関などが，統一的な主題テーマの下に，各冊それぞれの著者と標題をもつモノグラフ（一冊一論文形式）を，統一的なシリーズ名のもとに逐次的に刊行していく場合がある。これらは内容的に各冊独立した著作物とみることもできるが，シリーズの目的という観点からは，出版社シリーズよりはるかにまとまりがあるので，逐次刊行物の範疇に入れられる。ただ，一冊一論文であることから，図書館では図書と同様に扱われることもある。いずれにしても，逐次刊行物とするか，単行書とするかについては，シリーズごとに一貫した処理を行うことが大切である。

2-1表　逐次刊行物の刊行頻度
```
┌─ 定期刊行物
│     日　刊（daily）
│     週　刊（weekly）
│     旬　刊（decadly）
│     半月刊（semimonthly）
│     月　刊（monthly）
│     隔月刊（bimonthly）
│     季　刊（quarterly）
│     半年刊（semiannual）
│     年　刊（annual）
│     隔年刊（biennial）
└─ 不定期刊行物
```

　第3は，あらかじめ完結を予定して刊行されるもので，○○講座，叢書，大系などといった共通シリーズ名をもつ出版物である。これらはもちろん逐次刊

2-2表　著作物の区分
```
┌─A　継続的著作物
│    ┌─（Ⅰ）〈完結を予定しないもの〉：逐次刊行物
│    │        ┌─①定期刊行物
│    │        └─②不定期刊行物
│    └─（Ⅱ）〈完結を予定するもの〉
│             ┌─①各巻が独立した著作物：講座，叢書，全集類の大部分
│             └─②各巻が独立していないもの：分冊刊行の百科事典など
└─B*　一回的著作物
     ┌─（Ⅰ）〈一括同時刊行の分冊もの〉
     └─（Ⅱ）〈1冊もの〉
```

　B*については「単行書（本）」の語を当てることもあるが，定義が必ずしも明確ではないので，その使用を避けた。

行物ではないが，完結までに20年以上を要するものもあり，欠巻が生じないよう，完結までは，逐次刊行物と同様の受入れ方法がとられる。分冊刊行される辞書や百科事典などの扱いも同様である。

ところで，逐次刊行物にはその刊行頻度によって〈定期刊行物〉(periodicals)と〈不定期刊行物〉(irregular serials)の二種がある（2-1表）。刊行期日があらかじめ定まっているものが定期刊行物であり，刊行回数や刊行期日が確定しておらず必要に応じて刊行されるのが不定期刊行物である。

2-2表は，逐次刊行物を含む著作物の区分のまとめである。

（2） 逐次刊行物の種類

a. 雑　　誌

雑誌（magazine, journal）は，逐次刊行物の中で最も重要な位置を占めるとともに，印刷資料として図書と並ぶ二大情報源である。その特徴を挙げれば，① 内容的には，論文，評論，解説記事，文芸作品，その他雑報など，文字どおりさまざまな記事があり得るが，一定の編集方針に従って複数の記事を掲載していること，② 通常，週以上の間隔で刊行されること（季刊程度までが最も多い），③ 原則として，仮綴じ冊子形態であること，などであろう。このように，図書に比べて比較的刊行が容易なこと，刊行頻度が高いこと，さらに，部分的，断片的記事の掲載が可能なことなどから，雑誌は，図書では得られない最新の研究成果や情報を速報したり，図書になりにくい狭い専門分野や未確立の分野の情報を提供するのに適したメディアとなっている。また，気軽に読める読み捨て的娯楽情報の提供にも利用される。

なお，"雑誌の書籍化"（一つのテーマで編集され，不定期に刊行される増刊，別冊などについて，在庫を持ち，いつでも注文に応じる書籍的販売を行う）と，"書籍の雑誌化"（書籍のレイアウトが雑誌的に，アトラクティブになる）傾向の進展を背景に，雑誌と書籍の中間的な性格をもつ"ムック"（mook）[1]の発行

1） 雑誌（magazine）と書籍（book）との合成語として日本で作られた言葉。

点数が急激に伸びている。増刊，別冊ではなく，独立した"ムック・シリーズ"も増えている。ジャンルとしては，ゲーム情報，料理，手芸・編物，家庭・生活，コンピュータ，映画・アニメ，住宅・リビング，音楽，レジャー，スポーツ，ファッションなどがあるが，定期雑誌の不振をカバーするためという出版社の事情もあるといわれている。

雑誌には次のような種類がある。

1） **一般誌**　市販を目的に刊行されるもの。高度の専門誌から，漫画雑誌に至るまで，その範囲は極めて広い。商業誌であるため読者の好みの変化に対応して，創刊，廃刊，誌名変更など変動が多いのが特徴である。内容的にも，伝統的な総合雑誌，文芸雑誌，男性誌，女性誌などに加えて，情報誌，科学雑誌，趣味誌，スポーツ誌，コミック誌などと，ジャンルもさまざまである。刊行頻度は，月刊誌が圧倒的に多く，他に週刊，半月刊，隔月刊，季刊などがある。『出版年鑑』2002年版では4,447誌が報告されている（2-3表）。

2） **学術誌**　学術論文を主たる内容とするもの。中核は専門学会誌であるが，数の上では，学術的活動を行う各種協会や大学，研究機関などの〈紀要〉類が圧倒的に多い（論集，論叢，研究報告，研究年報などという誌名も多い）。刊行頻度は，月刊，季刊もあるが，年次の業績報告として年刊形式をとることが多く，不定期刊も目立つ。市販されるものもあるが，会員への限定配布が多いのが特徴である。なお，大学の紀要については，一冊の雑誌にいろいろな学問領域の論文が混在するなど，

2-3表　分類別雑誌点数

分類		分類	
図書	101	交通通信	174
総合	69	芸術	114
哲学	31	音楽舞踊	99
宗教	76	演劇映画	60
歴史地理	126	体育スポーツ	303
政治	55	諸芸娯楽	117
時局外事	52	日本語	14
法律	45	英語	15
経済統計	192	他外語	10
社会	167	文学文芸	99
労働	82	詩	20
教育	183	短歌	31
風俗習慣	11	俳句	38
自然科学	50	読物	482
医学衛生	444	女性	78
工学	503	青年	5
家事	206	児童	186
農畜林水	99	学習参考	8
商業	101	計	4,447

学術論文の流通メディアとしてのさまざまな欠陥も指摘されている。

3） 官公庁誌　中央官庁や地方自治体が刊行するもの。市販されるものもあるが，一般に入手しにくいものが多い。しかし資料価値の高いものが多く，重要な情報源である。官公庁の設置するさまざまな試験研究機関の研究調査報告書類は学術誌としても重要であるし，自治体の広報誌なども大切である。

4） 団体・協会誌　会員頒布を目的とする会報誌的なものが中心である。

5） 同人誌　文学系統のものが多い。同好者が，自らの作品の発表の場や情報交換の場とするために刊行するもの。

6） 企業誌　PR誌や社内報のほか，研究成果や新製品・技術の発表を行う技報などがある。

ところで，図書館での雑誌の収集状況はというと，市区立図書館の中には1,000～2,000誌を購入するところもあるが，東京23区と政令指定都市だけをみても，大部分は200～400誌程度である。確かに，市区立レベルでは，各分野の基本雑誌と地域関連のものを中心に提供できればよいともいえようが，市区立をバックアップする都道府県立図書館での収集状況が市区立と同程度かそれ以下のところもあることを考えると，わが国の公共図書館における雑誌のサービス態勢はまだまだ不十分といわざるを得ない。今後，提供できる雑誌の種類数を段階的目標をたてて増やす努力をするとともに，分担収集などの協力をすすめる必要がある。

一方，大学図書館の場合には，公共図書館に比べて雑誌への依存度が極めて高く，しかも世界的な一次情報誌の増大にも対応しなければならないため，大学単位での収集には限度がある。全国的視野からの収集・提供体制の整備が必要である。（国立大学拠点図書館に置かれた外国雑誌センター館については第3章の2.(1)のf (p.84)を参照)。また，電子ジャーナルの導入も進んでいる。

b. 新　　聞

新聞（newspaper）は次のような特徴をもっている。① 時事的ニュースの報道を中心に，解説，論評，その他の記事を迅速かつ広く伝達することを目的と

する。② ほとんどが無署名記事である。③ 形態的には，表紙がなく，折っただけで綴じがない。大きさは，Ｂ３判あるいはその半分の大きさのタブロイド判が一般的である。④ 刊行頻度は日刊が多いが，週刊や旬刊などもある。新聞は最新の情報源としてだけでなく，時間が経てば歴史的資料としても重要なものとなってくる。

新聞には次のような種類がある。

　１）　**一般紙**　社会のあらゆる現象を取材の対象とし，不特定多数を読者対象とするもの。①〈全国紙〉：全国にくまなく販路をもつ新聞。朝日，読売，毎日，日本経済，産経の５紙。②〈ブロック紙〉：第二次世界大戦下に行われた新聞社の統合・整理に起源をもつもので，数県または一地方の大部分に販路をもつ新聞。北海道，東京，中日，西日本の４紙[1]。③〈県紙〉：ほぼ一県単位の販路をもつもの。地方紙ともいう。④〈ローカル紙〉：市町村程度の範囲で刊行されるもの。

　２）　**専門紙**　特定の領域や問題を取材対象とするもの。発行部数では〈スポーツ紙〉がその雄であるが，種類数では〈業界専門紙〉が圧倒的に多い。

　３）　**機関紙・広報紙**　政党や宗教団体，労働組合，住民団体，さらには自治体や企業などが，広報，宣伝，教育を目的として刊行するもの。

この他，ミニコミ紙などもある。

新聞の収集状況については，都道府県立図書館のデータしかないが，購入数100種程度が数館あるだけで，大多数は30種以下である（もっとも寄贈紙もあるので，この点は考慮すべきだが）。主要一般紙だけでなく，官報，公報，政党機関紙，地域と関連のある業界紙，それに代表的な外国日刊紙程度の整備は必要であろう。

c. 年　　鑑

年鑑（yearbook, almanac）はさまざまな資料や統計を用いて，一年間の出来

1）　東京新聞は中日新聞社が刊行している。ブロック紙には，このほかに，河北新報と中国新聞を加える場合がある。

事を記録・解説したもので，図書館ではレファレンス・ブックとして欠かせない。これには，社会のあらゆる分野の事項を対象とする〈総合年鑑〉（読売年鑑と共同通信社の世界年鑑）[1]，分野を限定した〈専門主題年鑑〉，〈地域年鑑〉などがある。

d．その他の逐次刊行物

① 各種年報・月報類——統計年報・月報，企業・団体などの年次業務報告，② 索引誌，抄録誌などの二次資料，③ 定期的に開催される会議の議事録，④ モノグラフ・シリーズ，⑤ 六法全書や各種人名録などで毎年改訂されるもの，などがある。

年鑑や年報など，年刊以下の刊行頻度で，ハードカバーなど簡易な製本でないものは，図書館では図書扱いとされることが多い。

3．ファイル資料

ファイル資料とは，以下に挙げるように，その形態的特質の故に，整理・保管にあたって，図書や雑誌とは異なる特別のファイリング・システムを必要とする資料のことである。

1）　パンフレット（pamphlet）　一般に仮綴じの小冊子を図書と区別してパンフレットと呼んでいる。ユネスコでは，出版物の国際的統計をとる必要から「表紙を除き5ページ以上48ページ以下の印刷された非定期刊行物」と定めているが，実際の基準は国により一様ではない。ただし，雑誌のような逐次刊行物は含まない。

2）　リーフレット（leaflet）　これは一枚刷りの印刷物を1回折ったもので，片面刷りか両面刷りかにより，2ページから4ページの印刷物となる。

3）　一枚もの（broadside, broadsheet）　チラシやビラ，ポスターなどの

---

1) このほかに，朝日年鑑（2000年版まで），毎日年鑑（1981年版まで），時事年鑑（1994年版まで）があったが，いずれも，終刊，休刊となっている。

ことで，書写・印刷面は片面と両面がある[1]。

4）切り抜き資料（clipping） 新聞や雑誌の記事を切り抜いて台紙に貼り，紙(誌)名・日付・件名などを記入してファイルするもの。

ファイリング・システムには次の二つの方式がある。

1）バーチカル・ファイリング（vertical filing） 資料を〈フォルダー〉（folder）に収め，バーチカル・ファイリング・キャビネットの引出しの中に垂直に排列・保管する方式。フォルダーには，個別フォルダーや雑フォルダーなどがあり，これらを一定の順序に排列したものの間に，適宜，見出し用の〈ガイド〉を立て，検索の便を図る（2-1図）。

2）シェルフ・ファイリング（shelf filing） 適当な間隔に仕切られた書架上に資料をそのまま排架することもあるが，一般にはフォルダーや〈パンフレット・バインダー〉，あるいは〈パンフレット・ボックス〉などに収納し排架する方式。〈オープンファイル〉（open file）とも呼ばれる。キャビネットが整然と並ぶバーチカル・ファイリングに比べて雑然とした感じを与え，資料管理にもやや難点があるが，資料の出納が容易なこと，収容能力が大きいこと，費用が安いことなど，数々の長所がある（2-1図）。

ところで，ファイル資料は，自館で作成する〈切り抜き資料〉は別として，一般の出版流通ルートでは入手できず，刊行情報の把握も困難な，いわゆる灰色文献（grey literature）の性格をもつものが多い。また，短命資料（ephemeral materials）などとも呼ばれ，一時的な目的で作成されるものが多いのも特徴である。しかし，図書や雑誌の記事として刊行されるには時間がかかったり，待っても図書や記事にはならない情報も多く，テーマをしぼって丹念に収集していけば，図書や雑誌では得られない新鮮かつ貴重な情報源となる可能性をもっている。そのため，ファイル資料はレファレンスサービスに発揮する力も大きく，〈インフォメーション・ファイル〉（information file）と呼ばれることがある。

---

[1] 公害反対の住民運動や市民意識の高まりを時代背景として1976年に発足した"住民図書館"は，運動や活動に関わるミニコミの他，ビラやチラシなどの資料を収集していた。2001年12月に閉鎖，解散し，埼玉大学共生社会研究センターに委譲された。

3. ファイル資料　　　　　　　　　　　33

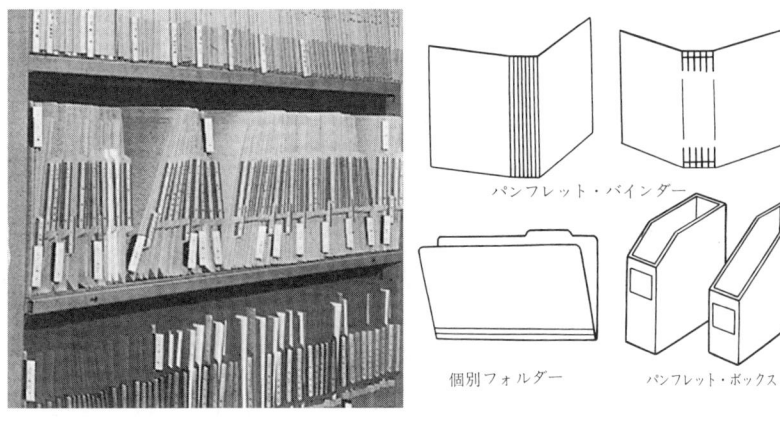

シェルフ・ファイリング

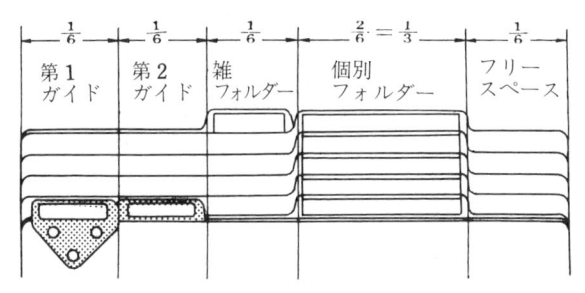

パンフレット・バインダー

個別フォルダー

パンフレット・ボックス

フォルダーとガイドの組合せ方

2-1図　ファイリングシステム
(『資料組織化便覧』日本図書館協会　1975　p.152 より)

　情報内容としては，時事的情報や，行政関連情報，各種団体の意見表明，その他催し物や施設の案内情報など多様であるが，いずれも積極的な宣伝がなされることが少ないため，収集にあたっては，団体・機関との間で寄贈の約束をとっておくことができれば理想的である[1]。また管理上の問題として，資料価値の変化を考慮して，不要資料の廃棄をしたり，長期保存するものは合綴製本するなどして，絶えずファイル内容を最新の状態に保つ努力が必要である。

---

1)　行政資料の収集については，自治体との連絡を密にして独自の収集活動を行っている日野市立図書館市政図書室（東京都）の例がある。

4．マイクロ資料

（1） マイクロ資料とはなにか

　図書や雑誌，新聞などの資料を，写真撮影によって肉眼では判別できないくらいに縮小し，いわゆるマイクロ画像（micro-images）化することを〈資料のマイクロ化〉といい，できた資料を〈マイクロ（化）資料〉（microforms）と呼ぶ[1]。これは，肉眼で判読可能な資料をマクロ資料（macroforms）と呼ぶのに対する言葉である。

　現在，マイクロ資料といえば，フィルム形態で利用する，いわゆる〈マイクロフィルム〉（microfilm）のことである[2]。マイクロフィルムを判読するには，リーダー（reader）と呼ばれる光学的拡大装置を使って拡大された投影像を読み取るか，複製機能を備えたリーダープリンタ（reader-printer）によって，普通紙にとったコピーを利用するか，いずれかの方法による。フィルムにはネガ形態とポジ形態の2種があるが，ネガフィルムは熱を吸収するため，リーダーで読むにはポジフィルムがよい。しかし，ペーパー・コピーをとる場合には，ネガ，ポジのいずれからでもポジ・コピーが得られるようになっている。

　マイクロフィルムの主な形式には次の三つがある。

　　1） **ロールフィルム**（roll film）　マイクロフィルムの中で最も伝統的なもので，文字どおり，ロール（巻き物）形態のフィルムにマイクロ画像を撮影したものである。フィルム幅には16mm，35mm，70mm，105mmなどの種類があり，用途に応じて使い分けられている。オープンリール方式で利用されるのが一般的であるが，リーダーへの着脱が容易なカセット式やカートリッジ式など

---

1) 縮（小）率は直線比で表わされ，low（15Xまで，1/15までの意），medium（30Xまで），high（60Xまで），very high（90Xまで），ultra high（90X以上）の5段階に区分される。
2) この他，かつては印画紙などの不透明なベースにマイクロ画像を焼きつけたりした〈マイクロオペーク〉（micro-opaque）があった。しかし光の反射光を映して読むため，画像が不鮮明で，複写をとりにくいなどの欠点があり，現在では使われていない。

もある。しかし広く普及しているとはいえない。

　文献用としては35mm幅が最も多いが、16mm幅も使用される。なお、70mm幅と105mm幅のものは大判の図面や地図などに使われるほか、特に後者は、マイクロフィッシュ作製用として利用される。

　35mmフィルムの場合、1コマの標準サイズは32×45mmで、1巻100フィート（30.5m）の標準フィルムに約640コマの撮影が可能である。さらに、1コマのサイズを標準サイズの半分にし、その1コマに書物の2ページずつを撮影すれば、全体では約2,500ページが収められる計算になる。

　このように、ロールフィルムの最大の長所は、大量の情報が1本のフィルムに収納できることである。反面、複数資料の混在化、一覧性の欠如による検索の不便さ、巻き取り操作を要することなど、短所も多い。

　2）マイクロフィッシュ（microfiche）　1枚のシート状フィルムに碁盤の目状にマイクロ画像を撮影したもの。ficheとはフランス語でカードのことである。ロールフィルムがアメリカで発達したのに対して、マイクロフィッシュはヨーロッパで考案された。しかし1964年、アメリカ連邦政府が政府関係レポートの配布用にフィッシュを採用したことにより、急速に普及をみた。

　フィッシュの大きさは105×148.75mm（4×6インチ、A6判に相当）のものが標準サイズとして世界的な主流になっている。また1枚のフィッシュに収録されるコマ数は60コマ（5段×12列）と98コマ（7段×14列）のものが最も多い。この他、1枚に数千コマの撮影が可能な、縮小率1/100～1/300の超マイクロフィッシュ（super microfiche, ultra microfiche）と呼ばれるものもある。

　マイクロフィッシュには次のような長所がある。① ロールのような巻き戻しの不便さがなく、リーダーへのセットも容易である。② 一つの資料（論文1件、あるいは雑誌1号分など）が1～数枚のフィッシュに収められるので、資料単位で扱うことができる。③ 最上段には、タイトルなど書誌的事項や図書館での管理事項などが肉眼で読める大きさで記載されており（ヘッダー、headerという）、取り扱いが便利である。④ 軽くてかさばらないため、郵送費などが安く、配布が容易である。一方、短所は、薄いことからミス・ファイルや一部紛失の

おそれがあることである。

　3）アパーチュアカード（aperture card）　アパーチュアとは，開き口とか，穴，すき間という意味で，アパーチュアカードとは，カードの一部を切り抜いた窓にフィルムを固定したものである。カードは，機械検索用のパンチカード，すなわち 82.55×187.25 mm（3 1/4×7 3/8 インチ）の大きさのものが使われる。そのまま排列でき，紙の部分には索引情報も記入できる。しかし，収録できるのは1～12コマ程度であるため，設計図や図面など1枚1枚が独立した資料の管理には適しているが，文献の撮影には有効ではない。このため図書館で主に使われるのは，ロールフィルムとマイクロフィッシュである。

(2) マイクロ化される資料

　マイクロ資料の作成には，個々の図書館が独自の目的で行う場合と出版社や各種機関が市販（いわゆる"マイクロ出版"micropublishing）や配布を目的として行う場合とがある。現在では，さまざまなマイクロ資料が商品として提供されている。

　マイクロ資料作成の目的としては以下のようなものが挙げられる。

① 入手困難な資料の収集のため：　資料マイクロ化の元来の目的は，この①や，次の②であった。この目的では，いわゆる復刻刊行のマイクロ出版（正確には microrepublishing）が盛んである。印刷形態では採算がとれないものでも，マイクロ出版であれば可能となる場合が多い。

② 長期保存用として：　紙質の悪さや劣化のため長期保存に耐えにくい資料をマイクロ化して保存するもの。

③ 貴重書などの閲覧用として：　原資料は損傷防止のため保存用とし，閲覧用としてマイクロ資料を用意するもの。

④ 保管スペースの節約のため

⑤ 印刷形態に代わる出版媒体として：　言葉の正確な意味でのmicropublishing である。印刷物なしでマイクロ版のみ刊行するもの。

⑥ 機械可読形態の大量情報（目録情報，書誌情報など）を，紙媒体よりコン

4. マイクロ資料

マイクロフィッシュ

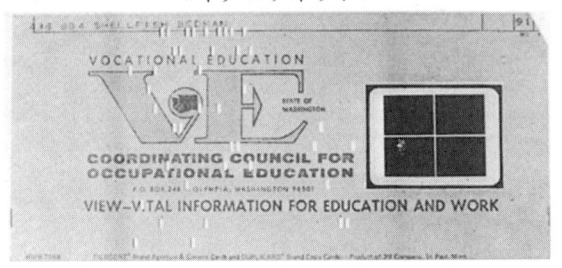

アパーチュア・カード

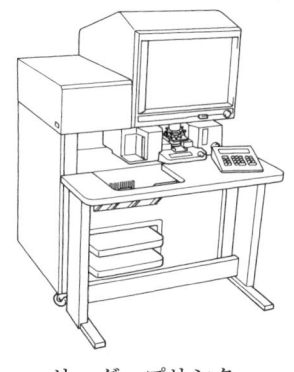

リーダープリンター　　　　　ロールフィルム

2-2図

パクトに，かつ高速で打ち出すための媒体として： いわゆるCOM（computer-output microfilm）。

次にマイクロ化の対象となる資料の主なものを挙げる。

1） **古文書，貴重書，その他の記録類** 原本汚損の心配をせずに資料の積極的利用を図ったり，原資料の代替物として資料収集を図るためにマイクロ化が行われている。事例としては，国立国会図書館の貴重書，準貴重書のマイクロ化や国文学研究資料館のマイクロフィルムによる古典籍収集活動などが挙げられる。

また，古文書類のマイクロ化は，県立図書館を中心とする公共図書館でも，門外不出の郷土資料などを収集する方法として活用されている。広く需要を見込めるものについては，マイクロ出版も行われている。

2） **新聞** 新聞は大型資料として日々増加し膨大な蓄積となることや，紙質が悪く長期保存に適さないことから，マイクロ化には最適の資料である。

新聞マイクロ化の例としては，国立国会図書館による二つの事業，すなわち，新刊新聞のマイクロ化（日本新聞協会との協同事業）と，日本近代史研究に欠かせない明治から昭和20年までの国内新聞のマイクロ化を挙げることができる。また，市販を目的としたマイクロ出版では，全国紙など主要紙のほとんどや多くの地方紙についてマイクロ版が作られている。国立国会図書館では，これらのマイクロ新聞の総合目録，『全国マイクロ新聞所蔵一覧』を刊行している。

3） **雑誌** 国立国会図書館は，複写による破損防止を目的に，利用頻度の高い明治・大正期の学術雑誌をマイクロ化している。また，各種雑誌のバックナンバーのマイクロ出版も行われている。

4） **図書** 紙質（酸性紙など）や利用が原因で劣化した図書，あるいは劣化が予想される図書を，保存・閲覧用としてマイクロ化するもの。国立国会図書館の（明治期刊行図書マイクロ版集成）および早稲田大学図書館の（明治期刊行物集成：文学・言語編）や（大正文芸書集成）などはその好例である。

5） **書誌，目録，索引誌などの二次資料** コンピュータ出力の書誌データがCOM目録として提供される。ただし，この用途では，CD-ROMやオンライ

ンのコンピュータ目録・書誌が現在では主流となっている。

6) その他　　統計資料，特許資料，政府刊行物，テクニカル・レポート[1]，学位論文（UMI 社：University Microfilms International が有名）など。

(3) マイクロフィルムの特性と意義

マイクロフィルムには次のような特性がある。

(1) 写真撮影によるため，原資料を損なうことなく，容易に正確な複製を得ることができる。また印刷形態より作製時間が短く，コストも安い。

(2) 縮小性……これによって資料保管のスペースが大幅に節約できる。また持ち運びも容易である。特にフィッシュは軽くてかさばらないため郵送費などが安く，複製配布や相互貸借に大きな威力を発揮する。

しかし，リーダーの使用は操作が面倒なこと，目が疲れること，書き込みが出来ないことなど，利用者に心理的・身体的抵抗感を与えるのが短所である。

(3) 定型性……原資料の形態やサイズにかかわらず，すべて画一化され規格化されてしまう。このことは資料管理を格段に容易にしてくれる。保管はすべて規格化された専用キャビネットを用いるため，効率的な保管が可能であり，保存スペースの予測も立てられる。また，フィルムの自動出納システムや，必要なコマの自動検索など，機械化ともなじみやすい。一方，短所としては，原資料のサイズや紙質を確認できないこと，画一的で識別が困難なためミス・ファイルを生じたりすることなどが挙げられる。

(4) 耐久性……マイクロフィルムの保存寿命は，銀塩フィルム（撮影用）で100～200年，ジアゾフィルム（複製用）で100年程度と推定されている。しかしながら，このような高い保存性を確保するには，フィルムの現像処理が完全であることはもちろん，温度（16～26℃）や湿度（40～50%），ほこり，汗などの付着に対しても細心の注意が要求される。

---

1) PB レポート，AD レポート，NASA レポート等，研究助成を受けたアメリカの機関がその成果を報告する研究報告書。日本でも，国立情報学研究所の NII テクニカルレポートや，日本原子力研究所の JAERI レポートのような例がある。

(5) 複製機能……マイクロフィルムは，ペーパーへのプリントはもちろん，フィルムプリントも容易であり，しかも比較的安価である。このため，マスターフィルムさえ用意すれば，閲覧・複写用の活用フィルムや配布用フィルムを作製することは，複製量の多少にかかわらず容易である。

(6) 電子メディアと比べて……縮小化による情報の高密度記録という観点からは，CDやDVDなどの光ディスクに収められた電子メディアも，いわばディジタル型のマイクロ資料とみることができる。特に，CD-ROMを使った新聞記事データベースは，近年広く普及している。現在，コンピュータの画像処理技術と蓄積メディアの発展に伴い，マイクロ資料は画像データベースに移行しつつあるともいわれる[1]。

確かに，マイクロ資料の利用が一人1台のリーダー利用を前提とし，フィルムの種類ごとに専用の装置を要するのに対し，電子メディアは，専用機器ではなくパソコンで複数の人が同時に利用でき，検索性にも優れているという長所をもっている。しかし電子メディアにも，メディア自体の耐久性の問題や検索・閲読に要するパソコン機器の頻繁な更新といった問題があり，現在のところ，マイクロ資料が直ちに電子メディアに取って代わられるという状況にはない。

5．視聴覚資料

(1) 視聴覚資料の種類

第1章で述べたように，19世紀半ば以降に次々と開発されるようになった写真・映画・録音などの新しい情報記録の技術は，音や視覚的イメージなど，文字では伝達困難な情報の記録・資料化を可能にした。こうした新しい情報メディアは，絵や図などとともに視聴覚資料（audio-visual materials），あるいはAV資料と総称されている。以下に，視聴覚資料の種類を列挙する。

---

1) 『図書館情報学用語辞典 第2版』 丸善 2002．マイクロフィルムのディジタル媒体への変換も行われている。

1） **簡易視覚資料**　視覚資料には，情報内容の受容に機械装置を全く要しない簡易なものがある。
　① 写真，絵はがき類：　人物，風景，社会風俗など，歴史資料，地域資料として価値がある。
　② 複製絵画：　原画の収集は図書館の仕事ではないが，複製印刷画は鑑賞用，教材用として意義がある。
　③ ポスター：　グラフィックデザインとしての芸術的価値とともに"時代の証言者"としての歴史的資料価値がある。
　④ 紙芝居：　幼児教育用や児童サービス用として重要な資料である。
2） **映像資料**（音の記録を伴うものを含む）
　① スライド（slide），フィルムストリップ（film strip）：　スライド映写機によって静止画を拡大投影するためのポジフィルム（陽画）である。前者は1コマ1コマが2インチ（約5cm）四方のマウントに固定されているが，後者はロールフィルムそのままである。操作が簡単で，自作も容易なことから，教材や資料提示の手段として利用される。
　② トランスペアレンシー（transparency：TP）：　オーバーヘッド・プロジェクター（overhead projector：OHP）用の大型透明陽画のことで，OHPシートとも呼ばれる。市販の教材用TPの他，自作も容易である。書き込みや画像の重ね合わせ（overlay）ができ，しかも見る側と対面しながら明るい所でも利用できるなどの長所がある。
　③ 映画フィルム：　一般興業映画のほか，学校教育や社会教育用の各種教材映画，企業や官公庁の企画による産業映画・広報映画など，さまざまな種類がある。興業用以外は16mmフィルムが圧倒的に多い。
　④ ビデオテープ：　映像と音声を同時に記録できる磁気テープのこと。数多くのビデオソフトが生産されている。
　⑤ ビデオディスク（video disc）：　映像と音声を同時に記録できる光ディスクのこと。1982年に発売されたレーザーディスク（LD）が普及し始めていたが，現在はDVD[1]にその座を譲りつつある。テープに比べて，音質・画

質ともにすぐれ，ランダムアクセスができるなどの長所がある。

　ビデオソフトの内容は，テープ，ディスクともに，映画・音楽物が中心であるが，学校教材用ソフトの刊行も盛んである。教育・教養作品や各種の受賞映画など，評価の定まったもの，すなわち資料性の高い作品を中心に，積極的な収集が求められている。

3）音声・音響資料

① オーディオディスク：　音の波形を音溝の凹凸として記録するアナログ方式のもの（いわゆる〈レコード〉phonograph record）と，音声信号をディジタル化して記録する〈ディジタル・オーディオディスク〉（digital audio disc：DAD）の2種がある。前者に比べて後者は，音質，機能面（ランダムアクセスなど）ですぐれた特質をもっており，現在では，1982年から発売されたCDがアナログレコードにとって替わり，オーディオディスクの中心となっている。

② オーディオテープ：　音の波形をアナログ的に磁気パターンに変えて記録する磁気録音方式のテープ（カセットテープ）と，CDのテープ版ともいえるDAT（digital audio taperecorder）用テープの2種がある。オーディオソフトの内容はもちろん音楽が中心であるが，語学学習用や文学作品の朗読など，非音楽資料も多い。

（2）視聴覚資料と図書館

　公共図書館における視聴覚資料の収集に関しては，昭和25(1950)年の「図書館法」第3条（図書館奉仕）で，「……美術品，レコード，フィルムの収集にも十分留意して，図書，記録，視聴覚教育の資料その他必要な資料を収集し，一般公衆の利用に供すること」と明記されたが，その後も久しく，視聴覚資料の収集にまで手を伸ばす余裕などほとんどないという状況が続いた。

　ようやく図書館が情報メディアの多様化に対応すべく，図書のみならず視聴

1） digital video disc，または digital versatile disc の略。CD，LDの次世代規格として開発された大容量光ディスク。

5. 視聴覚資料

覚資料の収集,提供をも積極的に推進しなければならないという機運が醸成されるようになったのは,わが国の公共図書館活動が活性化するようになった昭和40年代後半以降のことであった。

まず,簡易視覚資料としては,児童サービスを重要な柱としている公共図書館で,紙芝居収集が定着している。また,各種印刷物への掲載資料として古い写真が求められるケースも多く,地域歴史資料としての写真資料の整備が求められている。なお,複製画の収集・貸出は,昭島市(東京都)の先駆的試みをはじめ,入間市(埼玉県)などの実践事例があるが,まだまだ広がりをみせてはいない[1]。

再生機器を要する資料としては,かつてはアナログレコードとカセットテープが中心であったが,その後,再生機器(CDプレーヤーやVTR)の家庭内普及を背景に,CDとビデオテープの収集・貸出しが広く行われるようになった。現在では,映像ソフトに関しては,主に館内鑑賞用として利用されたLDを経て,DVDが主流になりつつある。

一方,映画フィルムやスライド類は,特別な機材を必要とし,集団利用向きの資料でもあることから,個人利用を重視する公共図書館での収集態勢は弱く,図書館とは管理系統を異にする〈視聴覚ライブラリー〉[2]が主としてその役割を担っている。ただし,館内映写会や団体貸出を目的に,独自にこれらの資料を所蔵している図書館もある[3]。

図書館における視聴覚サービスをめぐる問題としては,次の2点を挙げることができる。

第1は,出来合いの資料を収集するだけでなく,自館製作が必要だというこ

---

1) 社会労働問題の研究所であり,専門図書館でもある「法政大学大原社会問題研究所」は,戦前(2,700点),戦後(1,400点)のポスター・コレクションで有名である。
2) 地域の教育機関や各種団体に,16mmフィルムやスライド類を中心として,資料・機材の貸出を行う機関として設けられてきたが,現在では,相当規模の専有施設と設備,専門職員を擁する〈視聴覚センター〉の名称で,視聴覚資料の製作や職員研修,さらには視聴覚教材を用いた教育・学習活動を実施する総合的な学習情報提供機関への脱皮をはかりつつある。
3) 東京国立近代美術館フィルムセンターは,興行映画を中心に,その収集,保存の任にあたっている。

とである。国立国会図書館は，わが国憲政史に残る"生き証人"からの録音による証言収集をすすめている（オーラル・ヒストリーと呼ばれる）が，公共図書館でも，地域に残る民話や民謡，方言などを録音採取したり，失われゆく郷土芸能や，変貌する地域の風景などを写真やスライド，あるいはビデオテープに収録することによって，貴重な地域資料を生み出すことができる。

第2は，1985年施行の「著作権法」改正により[1]，図書館など営利を目的としない施設が，映画（ビデオソフトを含む）を無料で公衆に貸与する場合，著作権者の許諾を要しない代わりに相当額の補償金支払いを義務づけられたことである。これを受けて，視聴覚ライブラリーを組織する全国視聴覚教育連盟は，教育教養作品については小売価格の100％，娯楽的作品については300％（作品区分は権利者側が指定）の補償金を支払うことで協定を結ぶに至った。しかし，こうした協定は，個人貸出を中心業務とする図書館にとっては影響が大きすぎる。そのため，日本図書館協会は個別にメーカーとの話し合いを進め，補償金は小売価格の中に含まれているものとみなす，との合意をとりつける努力を続けることになった。そして合意が得られたビデオソフトについて図書館への導入を進めている（ただし，発売後半年を過ぎたものに限定，1タイトル1本）。

6．パッケージ系電子出版物

パッケージ系電子出版物とはCD-ROMやDVD-ROMでの出版物のことで，頻繁な更新が可能なネットワーク系と比べればタイムラグが大きいという短所はあるものの，次に挙げるような多くの長所をもっている。

① 情報収録量が大きいこと。

② 文字，画像，音声情報を共に収録できるマルチメディア化が可能である

1） 最大の特徴は〈貸与権〉の創設，すなわち，著作物（映画の著作物を除く）の複製物を公衆に貸与することについて，これを許諾する権利を著作者に認めたことである。ただし，当分の間，楽譜以外の書籍，雑誌は適用外とし，さらに映画以外の複製物を非営利かつ無料で公衆に貸与する場合も，従来どおり自由に貸与できることとした。これにより，図書館でのレコード貸出中止要請をめぐるトラブルは解決された。

こと。
③ 検索機能が優れていること。
④ テキストファイルなど，得られた情報の加工が容易であること。
⑤ 所蔵スペースを節約できること。
⑥ 従量制ではないため，料金を心配せずに使えること。
⑦ CD-ROM 検索サーバシステムの開発により，スタンドアロンではなく，LAN を通して複数台のパソコンから同時検索をすることもできること。

こうした特性を生かし，二次資料から一次資料に至るまでさまざまな電子出版物が市場に送り出されている。その主なものを以下に示す[1]。

① 辞書，百科事典類：わが国の CD-ROM 出版は辞典から始まっている[2]。
② 書誌，目録，記事索引類：
- 日本全国書誌の CD-ROM 版である J-BISC や，国立国会図書館蔵書目録（明治期，大正期，昭和戦前期）[3]，日本書籍総目録など。
- 雑誌記事索引（国立国会図書館[4] や大宅壮一文庫のものなど）。
- 専門分野別に刊行されている索引・抄録誌の CD-ROM 版[5]（科学技術文献速報，法律判例文献情報，MEDLINE など）。
- 新聞記事索引：記事見出しの索引など，本文を含まないもの。
③ 全文データベース：
- 電子雑誌：雑誌記事全文を収録するもの。
- 新聞記事データベース：1 年分を 1 枚の CD-ROM に収め，キーワード検索を可能にしているものが一般的である（CD-HIASK など）。紙面をそのまま画像情報として収録するものと，画像を含まず本文だけのものがある。

---

1) CD-ROM を探す情報源については，第 3 章 2.(3)d（pp.98-99）を参照。
2) わが国における電子出版の展開については，第 4 章 1.(3)b（pp.148-150）を参照。
3) 明治期から 2000 年までの約 253 万件の和書データを DVD 1 枚に収めたものも作られている。
4) 1948 年から 2001 年までの雑誌記事データ約 520 万件を DVD 1 枚に収めたものも作られている。
5) これらの中には，冊子体をすでに刊行しなくなっているものもある。

④　電子復刻版：日本東洋美術研究誌「國華」のDVD-ROM復刻や，「国立国会図書館所蔵昭和前期刊行図書デジタル版集成」はその代表である[1]。

⑤　数値・統計データ：国勢調査，国勢図会，統計年鑑，企業の財務データなど。

⑥　その他：白書，図鑑，名鑑（人物，企業等），法令・判例集，地図など。

⑦　一般書：通称電子ブック。小型辞書などには直径8 cmCDが使われる[2]。

　この他，図書館が，自館所蔵の古文書や地域資料，あるいは地域関連の新聞・雑誌記事索引（自作）などを，独自に電子化する場合もある。

　これらパッケージ系電子出版物は高額なものが多く，利用機器の整備も必要なため，大学図書館や専門図書館が導入の主体であったが，現在では，公共図書館にも広がりつつあり，中央館を中心に数百種の資料を持つところが出てきている。

7．ネットワーク情報資源

　ネットワーク情報資源の特性については，第1章で詳しく述べたが，図書館でのネットワーク情報資源のサービス形態は，基本的にはリンクサービスの提供である。主なリンク先としては，次のようなカテゴリーが考えられる。

①　二次情報データベース（目録・書誌・索引など）
- 自館及び他館のOPAC（オンライン閲覧目録 online public access catalog）。
- 国立国会図書館のNDL-OPAC：全国書誌の役割がある。
- 国立情報学研究所のNACSIS Webcatのような総合目録。
- その他の二次情報データベース：各種出版物や文献，新聞記事情報などを検索するもので，公的，商業ベース，公開，有料などさまざまなものが存在する。

②　ネットワーク系電子出版物

---

1)　「国立国会図書館所蔵明治期刊行図書マイクロ版集成」を継承するもの。
2)　一般書の電子出版に関する新しい動向については，第4章1.(3)(4) (pp.148-152) を参照。

オンライン出版とか電子ジャーナル，ネット配信などと呼ばれ，図書や雑誌，新聞などの全文（一次情報）がネット上で提供されるもの，電子版しかないものがあるが，対応する印刷版を有するものも多い。このカテゴリーでも，公的，商業ベース，公開，有料などさまざまである。図書には，オリジナル作品や辞書・百科事典，絶版書，省庁の白書・報告書類などがある。電子ジャーナルについては，大学図書館を中心に急速な契約・利用の広がりをみせているが，高額な価格が図書館を悩ませており，商業出版社の手によらない新しい学術情報流通システムを追求する試みも行われている（SPARC）[1]。新聞では，国立印刷局の提供するインターネット版官報なども含まれる。

③ 電子化された記録・文書類（digitized archives）

アメリカ議会図書館(LC)の"American Memory Project"に代表されるもので，自館所蔵の貴重な記録・文書などを電子化して公開するもの。わが国でも，所蔵する貴重資料や地域資料を電子化して発信している図書館が増えている。

④ 有益な情報源サイト

アメリカ国立医学図書館（National Library of Medicine：NLM）の一般市民向け医療データベース「メドラインプラス（MEDLINE plus）」（1998年から無料公開）に代表されるような，市民生活に役立つ情報サイトを選択してリンクを提供するもの。玉石混交のウェブ情報の中から，信頼できるサイト（生活・地域情報など）を選択提供することは，市民のための情報インフラをめざす図書館にとって重要なサービスである。

総じて，図書館のリンク先としては，サイトの信頼度が高いことは当然のこととして，多くの短命なウェブ情報とは異なり，文献情報データベースや電子ジャーナル，省庁の白書・報告書アーカイブズなどのように，蓄積性が高く，コンテンツが常に最新の状態に維持されているという，ネットワーク情報の特質を最大限に生かしているものがふさわしいといえよう。

1）　第4章2.(7)c（pp.164-165）を参照。

8. 視覚障害者用資料

　視覚障害者を対象とした図書館サービスには，拡大読書器などの障害者用読書機器の設置や，対面朗読サービスなどがあるが，ここでとりあげるものは，視覚障害者のために特別に作成された資料である。

　1）点字資料　点字（braille）とは墨字（すみじ）に対する言葉で，盲人が指先の触覚で読みとることができるように考案された記号である。縦3点横2列の6点を1単位（1マスという）として，その突起の有無の組み合わせで文字や数字などを表わす，いわゆる6点式点字が世界各国で使用されている。

　点字資料の印刷には，二つ折りにした亜鉛板に点字を打ち，その間に用紙を挟んでプレスする方法（製版印刷）や，発泡インクを用いて印刷し，加熱して印刷部分を膨張させる方法（サーモフォーム図書）などがあるが，点字資料の出版は営利事業としては成り立ちにくいため，一部の出版社に限定されており，出版点数もごくわずかである[1]。そのため，点訳ボランティアによって作成される点訳図書が大部分を占めているのが現状である。

　点字資料の作成には，点字器や点字タイプライターの使用が一般的であったが，現在では，パソコンに入力したテキストデータを自動点訳ソフトで変換し，点字プリンターで打ち出す方法が普及している[2]。点字資料はかさばるのが難点で，排架にあたっては，点をつぶさないよう，配慮が必要である。

　2）さわる絵本　視覚障害児が手でさわって鑑賞できるように作られた絵本で，文の部分は点字と墨字で記し，絵の部分は布や毛糸，皮，プラスチック，ボタン，ビーズなど，さまざまな素材を使って，実物が想像できるように工夫して貼り付けてある。

1）　点字出版物を知る書誌として，日本盲人社会福祉施設協議会点字出版部会が編纂した『日本点字出版総合分類目録』(1995)がある。また，週刊の点字新聞『点字毎日』は大正11 (1922) 年に創刊され，80年の歴史をもっている。
2）　このソフトを使えば，点字プリンターだけでなく，点字ディスプレーへの出力や音声出力も可能である。

8．視覚障害者用資料

3）録音資料　図書や雑誌などの文字資料を音読し，主にカセットテープに録音したもの。製作時間が短く，容易に複製が可能で，しかも扱いやすいことから，点字資料をしのぐ普及をみせている。視覚障害者用トーキングブックとしての歴史があるが，現在では，障害者対象とは限らず一般用にも，文学作品や落語などをカセットテープやCDに収録したものが市販されている。しかし，一般公共図書館で録音図書を作成するには，「著作権法」で，そのつど，著作権者の許諾を得ることが必要とされており，制約となっている。また，専門書や学術書の録音図書を求めるニーズへの対応も必要となっている。

なお，最近では，週刊誌や小説，新聞などを音訳して提供するウェブサイトも登場しており[1]，有益な情報源としてのリンクサービスが考えられる。

4）拡大図書　弱視者用に文字や絵を拡大した図書のことで，手書きで制作される〈拡大写本〉，大きな活字で版を組み直して印刷した〈大(型)活字本〉，原本を製版カメラなどで拡大した〈拡大本〉がある。ボランティアによる拡大写本作りが盛んだが，高齢化社会を背景に，大活字本の出版が増えている。

こうした視覚障害者用資料の作成や利用にはさまざまな制約が伴うため，重複制作を避け，相互貸借を進めるために，国立国会図書館が『点字図書・録音図書全国総合目録』を作成している。これはNDL-OPACでも，CD-ROM（年2回更新）でも提供されている[2]。また民間でも，全国視覚障害者情報提供施設協会により「ないーぶネット」が運営されている[3]。このシステムは，点字・録音図書の日本最大の書誌データベースをもち，点字データ，点字図書，録音図書の所在検索や，点字データのダウンロード・サービスなどを行っている。

1）「声の花束」(http://www.koetaba.net/)　日本フィランソロピー協会が運営，週刊誌の最新号や小説の音訳を提供。「音声図書館」(http://www.onseitosyokan.gr.jp/)　朝日，読売，産経の全国紙主要記事をコンピュータで音声化。

2）冊子体では，こだま社編の『点字図書全国総合目録1980年以前』，『録音図書全国総合目録1958～1980』，国立国会図書館編の『点字図書・録音図書全国総合目録』（半年刊，1981～1991），東京都立中央図書館編の『東京都公立図書館録音図書・点訳図書・拡大写本総合目録1985』（1990, 91, 95追版も出ている）がある。

3）日本IBM社の点字情報ネットワーク「てんやく広場」が起源。名称は，団体名National Association of Institutions of Information Service for the Visually Handicappedの頭文字から．(http://www.naiiv.gr.jp/)

9. 政府刊行物

(1) 政府刊行物とはなにか

a. 政府刊行物の範囲

政府刊行物（government publications）とは，国の諸機関によって刊行された出版物の総称である[1]。この言葉が登場したのは第二次世界大戦後であるが，特に普及をみたのは，昭和31(1956)年の閣議了解「政府刊行物の普及の強化について」以降のことである[2]。

ところで，わが国では，「政府」といえば，内閣あるいは内閣の統轄する行政機関を意味することが多い。つまり，行政府を，立法・司法の機関と区別して呼ぶ場合に使われる。しかし，広義の政府は，立法・司法・行政を営む一国の統治機構全体を総称するものであり，欧米ではこの意味に用いられるのが普通である。政府刊行物という場合は，この広い意味で使われる。したがって，国の諸機関には，次に示すような立法・司法・行政すべての部門の機関が含まれることになる。

① 国会（衆・参両議院），国立国会図書館
② 最高裁判所，下級裁判所
③ 行政機関：内閣府および内閣の統轄する各省，各省の外局（庁，委員会），これらの付属機関，各種諮問機関（審議会など），地方出先機関，この他，人事院，会計検査院（内閣に対し独立した地位を有する憲法上の機関）など
④ 政府関係機関と呼ばれる多数の特殊法人や独立行政法人（公庫，公団，

---

1) この種の出版物の名称としては，〈官庁刊行物〉が古くからあり，現在でも広く使われている。特に，地方公共団体の諸機関の出版物も含めて呼ぶ場合は〈官公庁刊行物〉と呼ばれる。
2) 黒木努：政府刊行物概説　帝国地方行政学会　1972　p.17.
　なお，この閣議了解に基づき，総理府内に〈政府刊行物普及協議会〉が設けられ，さらに大都市を中心に，大蔵省印刷局（現・国立印刷局）直営の販売機関として，〈政府刊行物サービスセンター〉が整備されることとなった。

事業団，各種試験・研究機関など)：これらは本来，国が行政の一部として行うべき国家的，公共的事業を，国から独立した法人を設けてその経営，管理に当たらせているもので，国が全額または大部分を出資して設置され，予算，決算については国の監督を受けている。こうした国の代行機関としての性格からみて，これらの機関も国の機関の範疇に入れて考えるべきである。

次に，これら国の機関と，政府刊行物と呼ばれる著作物とのかかわり方についてであるが，国の機関自体が著作者，編者である場合はもちろんであるが，他の機関が著作者，編者であっても，国の機関が監修者や発行者であれば，やはり政府刊行物であるといってよい。さらに，国の外郭団体[1]が単独で編集，発行したものについても，国の機関の委託による場合など，その著作物に対する国の責任が明らかであるものは，広く政府刊行物に含めるべきであろう。要するに，政府刊行物とは，「国の機関が著作者，編者，監修者あるいは発行者となるなど，国がその著作物に対し，直接なんらかの責任をもつことが明確であるもの」ということができる。

b. 政府刊行物の種類と意義

今日の社会において国家機関の活動は極めて広範囲に及んでおり，国の機関が記録，報告，PRなどを目的として刊行する，いわゆる政府刊行物の種類は，次に示すように多岐にわたっている。

〈議会関係資料〉……① 国会会議録（本会議録，委員会議録)，② 法令，③ 条約，④ 請願・陳情資料，⑤ 委員会などの参考資料。

〈司法関係資料〉……① 裁判記録（判決録，判例集)，② 司法調査資料，③ 司法研究報告。

〈行政関係資料〉……① 行政報告（白書，年次報告，事業報告，業務年報な

---

[1] 官庁の仕事の一部を委託または委任されて代行する団体で，その官庁から補助金や交付金を受けている。大蔵財務協会，農林統計協会など数多くの団体が存在し，調査活動，資料作成，出版活動，啓蒙宣伝活動など，広範囲の業務を行っている。

ど），② 統計報告（統計法に基づく指定統計，行政執行上収集した数値をまとめた業務統計，各種の統計調査を加工した加工統計など），③ 調査研究報告（各省庁および付属試験研究機関が実施する各種実態調査，民間団体が各省庁の委託によって行う調査研究など），④ 公示記録（官報，工業所有権公報），⑤ 審議会答申・研究会報告（審議会や大臣等の私的諮問機関である懇談会，研究会などの資料），⑥ 広報資料（広報誌・紙から情報誌，一般教養書まで），⑦ 行政要覧（人事・組織要覧，法令集，執務資料など），⑧ 解説・手引書（法律詳解，各種ガイドブック，研修テキストなど），⑨ 二次資料（書誌類）。

　政府刊行物の意義としては，次の3点を挙げることができよう。

(1) 国の政治，経済，社会の実態を映す鏡として，あるいはそれを知る手がかりとして重要な意義をもっている。民主主義社会にあっては，国民は国の施策や活動の実態を知り，かつ，それを監視する義務と権利をもっている。一方，国はその施策や活動について国民に知らせる義務を負っている。いわゆる"informed citizen"[1]は，民主主義社会において不可欠のものなのである。その意味で，政府刊行物は極めて重要な資料であるといえよう。

(2) 学術資料としても資料価値が高い。特に，行政機関が多額の費用と組織力を背景として実施，作成する各種統計資料（官庁統計）は，政治，経済，社会の実情を知るための貴重な一次データとして，他の追随を許さない。また，これらは，各種会議録や業務報告類とともに蓄積されることにより，重要な歴史資料としての価値をもつことにもなる。

(3) レファレンスツールとしても重要な存在である。すなわち，統計資料や白書など，各種情報源資料として有効なものが多い。

---

[1] 国の施策や活動などについて，その判断材料となる情報を十分にもっている，あるいは十分に提供されている国民という意味。

9．政府刊行物

（2） 刊行・流通の問題と収集

政府刊行物は，発行ルートが複雑であること[1]や，部内資料扱いとされたり，関連機関や一部関係者にだけ配布されたりするものも多いことなどから，刊行情報がとらえにくい"灰色文献（grey literature）"の性格をもっている。つまり，全国書誌や政府刊行物の専門書誌を用いても，その網羅的な把握には困難が伴うのが実情である。しかし最近では，各省庁がそのホームページ上で，それぞれの出版物や統計資料などをまとめて閲覧できるようにするなど，一定の改善もみられるようになっている。

本来，国の刊行物は，国がそのすべてを，図書館など公開に適した機関に積極的に頒布し，国民の自由な利用に供すべき性質のものである。この意味で，米国の寄託図書館（depository library）の制度は，一つの理想であるといってよいだろう。わが国にも，これと似た制度として，「図書館法」第9条による官公庁刊行物の公共図書館への頒布，および「地方自治法」第100条による，地方議会への頒布規定がある。

「図書館法」第9条 政府は，都道府県の設置する図書館に対し，官報その他一般公衆に対する広報の用に供せられる独立行政法人国立印刷局の刊行物を2部提供するものとする。

2．国及び地方公共団体の機関は，公立図書館の求めに応じ，これに対して，それぞれの発行する刊行物その他の資料を無償で提供することができる。

「地方自治法」第100条⑮ 政府は，都道府県の議会に官報及び政府の刊行物を，市町村の議会に官報及び市町村に特に関係があると認める政府の刊行物を送付しなければならない。（なお，これらの保管のために，議会図書室の設置を義務づけ，一般利用も認めてよいこととしている。）

1） 昭和31(1956)年の閣議了解では，「政府刊行物の印刷発行については，各省庁は大蔵省印刷局（現・国立印刷局）を活用するものとする」とされたが，発行機関の一元化は現在も実現してはいない。このため，発行機関としては，①国立印刷局，②各省庁，③外郭団体，④民間出版社の4ルートが存在する状況である。

これらの規定は，忠実に実行されれば図書館にとっての有力な収集ルートとなるものであるが，現在のところは十分に機能しているとはいえない。しかし，国の諸機関は，それぞれの刊行物の頒布対象リストをあらかじめ用意しているのが通例なので，図書館としては，このリストに加えてもらい，機関頒布の対象となるのが最も確実な収集法であるといえる。

　機関頒布の対象となれない場合の最も一般的な収集法は，市販されるものを購入する方法である。政府刊行物は，一般図書に比べてどちらかといえば営利性や市場性が劣ることから，以前はその流通は必ずしも円滑とはいえない状態であった。しかし，昭和31(1956)年の閣議了解以降，政府刊行物サービスセンター（現在全国11カ所）[1]や民営の同サービスステーション（官報販売所，現在全国59カ所），さらには，政府刊行物の常備寄託書店が整備されるにつれて，漸次改善されるようになった。とはいえ，センターの数が少ないこと，サービスステーションでの常備点数が十分でないこと，さらに一般書店には一部の資料しか配本されていないことなど，なお，さまざまな問題が残っている。

　市販されない，いわゆる非売品（無償頒布資料と実費頒布資料がある）については，発行機関に直接依頼することにより収集するしかないが，この方法によれば，部内資料でも入手できる場合がある。しかし，こうした資料は種類は相当に多いが，印刷部数が少ないものも多いため，収集には迅速な刊行情報の把握と入手のためのアプローチが必要とされる。

　いずれにしても，市販資料の購入以外は一般に収集はかなり困難である。

　政府刊行物の収集が満足に行われるためには，これら政府刊行物を国民に積極的に提供していこうという国側の姿勢と，それを可能にするシステムの確立がぜひとも必要であるということができよう。

1）　東京（霞が関，大手町），さいたま，大阪，名古屋，福岡，札幌，広島，仙台，金沢，沖縄の11カ所。

10. 地域資料（郷土資料，地方行政資料）

（1） 地域資料重視のあゆみ

　地方公共団体によって設置され，一定の地域をサービス対象とする公共図書館にとって，その地域に関連したさまざまな資料を積極的に収集し，提供することは，そのサービスの重要な柱である。これら地域関連資料は，住民がその地域の歴史や現状を知り，あるいは地域の諸問題を考える上で不可欠の重要な図書館資料である。

　ところで，わが国の公共図書館が地域関連資料の収集に意識的に目を向けるようになったのは，明治末年以降のことのようである。すなわち，明治43 (1910) 年の文部省訓令「図書館設立ニ関スル注意事項」の中で，「其ノ所在地方ニ関スル図書記録類並其ノ地方士ノ著述ヲ蒐集スルコト最肝要ナリトス」と述べられたのがそのきっかけであったといわれる[1]。以来，これら地域関連資料は，〈郷土資料〉と呼ばれて，多くの図書館で，多かれ少なかれ，その収集が図られることになる。しかし，収集の実態は決して満足すべきものではなかった。すなわち，その収集内容が，どちらかといえば，古文書類を含む歴史・地誌関係の資料，つまり郷土史（誌）関係に傾きがちであったことである。もちろん，こうした資料が不要だというわけではない。しかし，後に批判を受けるように，「現在の市民生活に直接結びついた，市民生活に有用な資料」[2]という観点からは，いたって弱体なものであった。

　こうした実態への反省は，第二次世界大戦後，まず「図書館法」の規定となって表われる。すなわち，「図書館法」第3条（図書館奉仕）は，「郷土資料，地方行政資料……の収集にも十分留意して，……必要な資料を収集し，一般公衆

　1）　黒木努：図書館資料としての地方行政資料　図書館界　27(2)　1975.9　p.44.
　2）　日本図書館協会：中小都市における公共図書館の運営—中小公共図書館運営基準委員会報告
　　　（通称：中小レポート）1963　p.137.

の利用に供すること」として，郷土資料とは別に，全く新しい〈地方行政資料〉という用語を登場させた。

　本来，行政関係資料は，郷土資料の中でも重要な存在として位置づけられるべきものであるにもかかわらず，実際には，この面での収集活動は極めて限られたものでしかなかった。こうしたことから，「図書館法」は，歴史資料に片寄ることなく現在の地域を知るための資料，なかでも地方行政に関する資料を特に重視する姿勢を打ち出したのであった。それはまた，第二次世界大戦後の新しい地方自治制度を支えるという意味でも，とりわけ重要な図書館サービスと考えられるものであった。

　しかし，こうした「図書館法」の規定にもかかわらず，行政関係資料を中心とする今日的郷土資料の収集はさほど進展せず，郷土史（誌）偏重の傾向は戦後も永く続くことになる。すなわち，昭和38(1963)年のいわゆる「中小レポート」でも，なお，次のような指摘がなされる状況であった。

　　　郷土資料と言えば，古記録や近世資料のみを指すような考え方が強い。
　　もちろんこれらの資料も重要であるが，趣味的，好事家的な感覚では，これらの資料もアクセサリーの域を出ない。殆んど利用されない虫食い本の収集に力をいれていて，市の予算書もなく，市の公報もない図書館では，図書館そのものがアクセサリーになってしまうであろう[1]。

　地方行政資料をはじめ，現在の市民生活に深いかかわりをもつ今日的資料を，郷土資料の中核に据えなければならないという共通認識が形成され，各地でさまざまな試みがみられるようになるのは，やはり昭和40年代後半以降を待たなければならない。それは，わが国の公共図書館が，いわゆる〈市民の図書館〉の実現をめざして活発な活動を展開するようになったことや，地方行政に対する一般市民の関心が著しい高まりを見せるようになったことなど，社会状況の変化と密接な関係をもつものであった（行政とのかかわりを伴う住民運動の高

　1）　日本図書館協会：中小都市における公共図書館の運営—中小公共図書館運営基準委員会報告（通称：中小レポート）1963　p.137.

揚，さらには国や地方自治体に対して〈情報公開〉を求める運動などは特に注目すべきものである）。

なお，名称の問題であるが，現在では，郷土史的イメージの残る〈郷土資料〉に替えて，〈地域資料〉あるいは地名を冠した〈○○資料〉の名で呼ぶ図書館が多くなっている[1]。

(2) 地域の範囲と地域資料の種類

地域資料（郷土資料）という場合の地域（郷土）の範囲についてであるが，郷土とは「生まれ育った土地，ふるさと，故郷」を意味するもので，明確な地理的範囲を示す言葉ではない。そのため，図書館での収集にあたっては，各館の置かれた地域の実状に応じて，その範囲を定めなければならない。一般には，設置者である地方公共団体の現行行政区域を中心とし，それに歴史的関連をもつ地域（すなわち，近世以前の区域，及び明治初期における行政区域の変遷を考慮する），および生活，文化，経済などの面で，現在，密接なかかわりをもつ近隣地域を，適宜，その範囲に加えて考えることになるだろう。

次に，地域資料（郷土資料）の主要な種類を挙げておこう。

1) 地方行政資料　狭義には，地方公共団体の諸機関（議会や行政機関など）によって作製された地方行政に関する資料のこと。しかし広義には，当該地域に特に関連の深い政府刊行物や，住民からの請願書，要望書，さらには住民運動のビラの類などをも含んだ，地方行政に関する公私一切の資料を指す。

地方公共団体で作成されるものには，地方議会の会議録，例規集，予算・決算書，各種計画書，行政報告，調査・統計報告，公報，県(市)勢要覧など，さまざまなものがある。これらには，公刊されるものもあるが，部内資料のように必要部数しか印刷されない非公刊資料も多い。これらの資料の収集には，役所内各部局と絶えず接触を図り，刊行情報を迅速に把握して寄贈依頼を行うな

---

[1]　東京資料，東京情報，東京室（東京都立中央），かながわ資料室（神奈川県立），大阪資料（大阪府立中之島），北方資料室，『北の資料』誌（北海道立，北海道と旧樺太，千島列島関連資料），環日本海資料（福井県立）など。

ど，図書館側からの積極的な働きかけが必要である。また理想としては，これら行政関係資料を図書館へ"納本"すべきことを条例で義務づけることが望ましいといえるだろう。なお，非公刊資料のうち，ナマの記録・文書である公文書に関しては，本来〈文書館〉が扱うべきものである。

　2）**地域に関して書かれたもの**　① 地域のかかえる諸問題を扱ったもの，② 歴史，地誌を扱ったもの（ただし，古記録，古文書，近世資料などは，文書館が存在する場合には，公文書とともに，その扱いを委ねることが望ましい），③ 自然，産業，風俗，文化などを扱ったもの，④ 地域とかかわりの深い人物を扱ったもの（伝記など），⑤ 地域を題材とする作品。

　3）**地域内で刊行されたもの**　① ローカル新聞，ミニコミ誌（紙），地域の同人誌，② 地域内の団体，企業などの刊行物（要覧，社史，社内報など）。③ 地方出版社の出版物（特に，その地域に関連する内容のもの）。

　4）**地域にかかわりの深い人物の著作物**（出身者，在住者，あるいはその土地で活躍したり，地域に影響を与えた人物）：この場合，地域と関係のない内容のものをどこまで収集対象とするかは問題のあるところである。

　5）**自館作成の地域資料**　以上の他，刊行されたものを収集するだけでなく，写真撮影や録音，録画などによって，民話や方言，郷土芸能などの採録を行うなど，図書館自らが地域資料の作製を行うことも大切である。また，郷土史関係の未刊の稿本を図書館が翻刻するなど，出版活動を行うことの意義も大きい（高知市民図書館などの例がある）。さらに，これからは，こうした自館独自の資料を電子化して，インターネット上に発信していくことも必要である。

第3章　図書館資料の収集とコレクション構築

1．コレクション構築とそのプロセス

(1) コレクション構築とは

a．図書館コレクションとその意義

　第1章および第2章で学んだように，図書館資料にはさまざまなものが含まれ，図書館ではそれらを継続的に収集・整理・保管している。そのプロセスの結果として形成された「資料の集まり」を**コレクション**（collection）と呼ぶ。ただし，「コレクション」は一般的な用語であるため，特に，図書館の資料の集まりであることを明示する場合には，図書館コレクション（library collection）という語を使う。

　一般には，「コレクション」の代わりに，「蔵書」という用語がしばしば使われる。通常，利用者にはこの語の方がなじみやすいであろうし，図書・雑誌・新聞などの印刷資料のコレクションに限定される場合には「蔵書」という用語で十分である。しかし，ビデオやCDなどの視聴覚資料，さらには，CD-ROMなどに収められた電子資料なども図書館の所蔵資料に含まれることを考えると，「蔵書」よりも，「コレクション」という用語の方が，図書館の所蔵資料の実体をより包括的に指し示していて都合がよい。

　図書館にとってのコレクションの重要性はあらためて指摘するまでもないであろう。コレクションが存在しなければ，図書館はそのサービスを提供できない。また，当然，コレクションの質と量が図書館に対する利用者の評価を大きく左右することになる。利用者が望みの資料をその図書館で利用できるかどうかの可能性を「利用可能性」(availability) という。例えば，利用者が「○○という書名の本を読みたい」あるいは「□□に関する資料を入手したい」と考えた

ときに，それらを図書館が実際にコレクションとして所有しているかどうかは重要な問題である。図書館は，その利用者集団に対して，十分な利用可能性を提供できるようなコレクションを構築・維持していく必要がある。

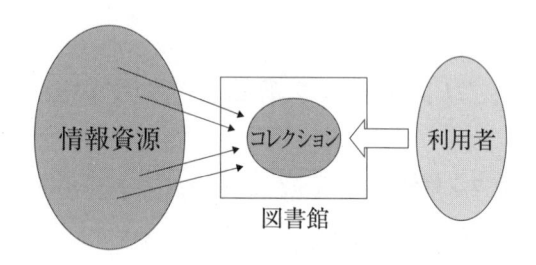

3-1図　図書館コレクションの位置づけ

b. コレクション構築とその概念の変遷

もし，世の中に存在するすべての資料をコレクションとして所蔵できれば，資料の利用可能性は著しく高まるであろう。しかし，購入予算や書庫のスペースに限界があるので，それはもちろん不可能である。そのため，現実的には，世の中に流通している大量の資料の中から，購入すべきものを**選択**しなければならない。この際，その図書館がサービス対象とする特定の利用者集団の潜在的・顕在的要求に対して十分な利用可能性を確保できるよう，膨大な情報資源の中から，購入する資料を適切に選ぶ必要がある[1]（3-1図参照）。

この作業は，購入対象資料が図書の場合には，選書あるいは図書選択（book selection）と呼ばれる。**選書**（図書選択）は，その図書館がよりよい蔵書を維持していくための重要なプロセスであり，図書や利用者に関する高度な知識を必要とする専門的な業務である。かつては，この図書選択の理論・技術がさかんに研究・議論されていた。

しかし，この「図書選択」という概念は，次の三つの理由から，コレクショ

---

[1]　なお，すべての図書館資料が購入されるわけではなく，寄贈や交換といった手段で入手できる場合もある。この場合にも同様に，経費やスペースの制限から，受け入れるかどうかの選択が必要になる。

ン構築（collection development）という概念に次第に拡張されていった[1]。

1）資料の多様化　図書以外にも，ビデオやCD-ROMなどのさまざまな情報メディアが登場し，図書館資料としての重要性が高まってきた。

2）資料の集合体としての重要性　その図書一点に限定して個別的にその購入を検討するだけでなく，その図書が加えられることになるコレクション全体を見て判断する必要がある。例えば，ある図書館で心理学分野の図書が歴史分野に比べて不十分であるならば，それを重点的に補強して，コレクションの構成を是正することが望ましい。

3）継続的な評価プロセスの導入　新たに購入すべき資料を選択するだけでなく，コレクションの中から不要な資料を識別する作業もまた重要である。つまり，購入した後も，評価プロセスを継続し，適切なコレクションを維持していく必要がある。

さらには，書庫管理などのコレクションに対する管理的な側面を含む概念としてコレクション管理（collection management）がある。これらの〈collection development〉や〈collection management〉には，いくつかの日本語訳があるので，注意を要する。例えば，前者に対しては，本書で使用する「コレクション構築」のほかに，「蔵書構築」「蔵書構成」「コレクション形成」などの用語が実際に使用されている。また，後者についても，「コレクション管理」以外に，「蔵書管理」などの訳語を当てることがある。

c．コレクション構築に影響を与える要因

実際にコレクションの構築を進めていく際に，さまざまな要因を考慮する必要がある。その主なものとして，次の四つを挙げることができる。

1）利用者集団　それぞれの図書館が想定するサービス対象である利用者集団の特徴を十分に把握して，コレクション構築を進める必要がある。この際，

---

1) コレクション構築の基本概念と変遷の詳細については以下の文献に詳しい。
　河井弘志編：蔵書構成と図書選択　新版　日本図書館協会　1992　p.1～4．
　三浦逸雄，根本彰：コレクションの形成と管理　雄山閣　1993　p.14～18．

現在の利用者だけでなく，潜在的な利用者をも含めて考えなければならない。また，利用者は個人ではなく，組織や団体の場合もある。

2） 情報ニーズ　単に利用者の特徴を把握するだけでなく，実際には，利用者のもつ情報ニーズ（information needs）をも考慮しなければならない。多くの利用者は，何らかの情報に対する要求が生じたために，図書館を利用する。例えば，何かの時事問題について詳しく調べたい，心に感銘を受けるような本を読みたい，料理の作り方について学びたい，などであり，それらを一般的に情報ニーズと呼ぶ。このような情報ニーズを的確に把握して，コレクション構築を進める必要がある。

3） 経済的・物理的制約　資料の購入予算や書庫スペースには限界があり，その制約の範囲内で，少しでも良いコレクションを構築するよう，努力していく必要がある。

4） 現有のコレクション　すでに述べたように，その時点で図書館が維持・管理しているコレクションの特徴または長短を十分に把握したうえで，コレクション構築を進めていかなければならない。このためには，現有コレクションの評価・分析が重要になる（この方法については後述する）。

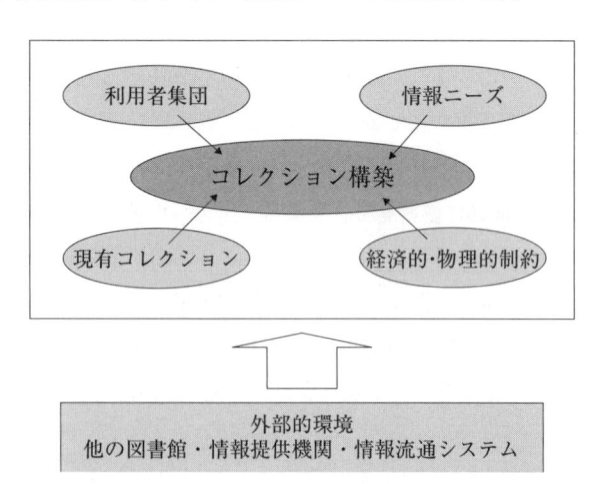

3-2図　コレクション構築に影響を与える要因

コレクション構築は以上の四つの要因に影響を受けるが，さらに，他の図書館のコレクションや，図書館以外の情報サービス機関・情報流通システムなども考慮する必要がある（3-2図）。例えば，近隣の図書館や文書館，博物館，あるいは書店，さらには，最近ではインターネットなどのネットワーク経由でも，さまざまな情報が入手可能であり，実際には，それぞれの図書館を取りまくこのような外部的環境にも考慮しつつ，コレクション構築を進めることが望ましい。

d. コレクション構成の館種別特徴

実際には，館種別にコレクションの特徴は大きく異なる。ここでは，所蔵資料の種類や想定される利用者集団などの点から，館種別のコレクションの特徴を簡単にまとめておく。

1） **市区町村立図書館**　市区町村立図書館は，公共図書館のうち第一線図書館として位置づけられ，子どもからおとなまで，地域住民を包括的にそのサービス対象としている。このため，そのような多様な人々のさまざまな情報ニーズに応えうるような，コレクションを構築していかなければならない。

基本的には，図書・雑誌・新聞が中心であるが，オーディオCDやビデオカセットなどの視聴覚資料を提供している図書館も多い。学術書が所蔵されていないというわけではないが，教養・趣味・娯楽のための資料がコレクションの中心であり，小説が多いのが一つの特徴である。また，児童向け資料，ヤングアダルト向け資料が収集され，独立したコレクションとして存在する場合も多い。

2） **都道府県立図書館**　都道府県立図書館は，市区町村立図書館では満たされなかった情報ニーズを解決するという役割をもち，利用者個人へのサービスに加えて，市区町村立図書館に対するサービスをも行う必要がある。そのため，一般に，市区町村立図書館よりも大規模なコレクションを維持・管理している。

また，市区町村立図書館に比べて，学術的な資料の比重が高いことが多く，さらに，その地域の郷土資料や行政資料などを網羅的に収集し，それらを使っ

た研究に大きな貢献を果たしている場合が少なくない。

　3）**学校図書館**　学校図書館の利用者には教員も含まれるが，主たるサービス対象は，小・中学校や高等学校の生徒である。学校図書館の第一義的な目的はこうした生徒たちの学習・教育への支援であり，教育課程（カリキュラム）を補助する資料や課外読書のための資料提供が重要な責務である。そのための図書や視聴覚資料がコレクションの中心であり，さらに，模型，標本，地球儀，地図といった教材を図書館が管理する場合もある。

　4）**大学図書館**　大学図書館では，学生の学習・教育活動への支援のほかに，教職員・大学院生を含めた研究活動を支えることが重要な役割となっている。そのため，公共図書館や学校図書館に比べて，学術的資料の割合が圧倒的に多く，また，日本語以外の言語で書かれた資料も数多く収集している。

　学術的な情報の効果的な提供のために，レファレンスコレクションが充実しているというのも大きな特徴である。また，一般に，データベースやCD-ROMなど電子的資料も積極的に収集・提供されている。なお，実際には，大学図書館のコレクションの特徴は，各大学に設置されている学部・学科のタイプに大きく依存する。

　5）**専門図書館**　専門図書館には，企業の図書館や学協会（各種の学会や協会）の図書館，地方議会・官公庁の図書館などが含まれ，それぞれの利用者に応じた専門的なサービスが提供されている。したがって，そのコレクションの特徴は各図書館のその「専門」に大きく依存することになる。なお，企業の図書館では，社内的な文書（調査報告書や社内報など含む）や図面類などの内部的な資料を管理・保管している場合もある。

（2）コレクション構築のプロセス

a．一般的なプロセス

　図書館における実際のコレクション構築は，3-3図に示した六つの段階から構成された一連のプロセスとして実行される。ここでは，この各段階について簡単に説明する（「整理」以外についての詳細は，本章の第2節(p.70)以降を参

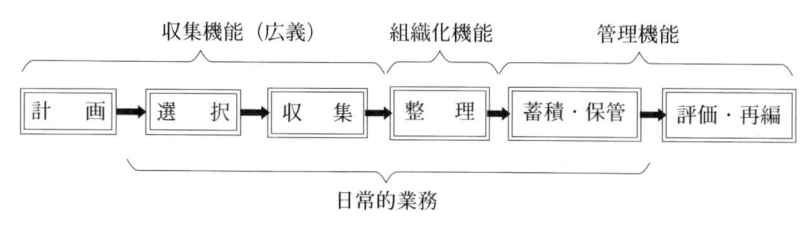

```
       収集機能（広義）  組織化機能    管理機能
     ┌─────────────┐ ┌─────┐  ┌─────┐
  ┌────┐ ┌────┐ ┌────┐ ┌────┐ ┌──────┐ ┌──────┐
  │計 画│→│選 択│→│収 集│→│整 理│→│蓄積・保管│→│評価・再編│
  └────┘ └────┘ └────┘ └────┘ └──────┘ └──────┘
         └──────────────────────┘
                    日常的業務
```

3-3図　一般的なコレクション構築のプロセス

照のこと）。

　1）　**計画**　　図書館における計画立案 (planning) の一環として，コレクション構築に関しても，短期計画あるいは中期または長期計画を立案し，それに沿って実際の作業を進めていく必要がある。短期計画は通常1年（すなわち一つの会計年度）であり，それ以上は中・長期計画となる。担当者が代わっても，一貫したコレクション構築が維持されるように，5年～10年程度の中・長期計画を立てることが望ましい（もちろん，利用者集団や環境の変化に応じた，計画の見直しも重要である）。

　具体的には，資料収集方針やガイドラインを策定し，その中で，短期あるいは中・長期計画を明示することが必要である。

　2）　**選択**　　コレクション構築の計画に基づいて，収集すべき資料の選択が日常業務として行われる。具体的には，世の中にどのような資料が存在するかを把握し，その上で，計画に示された基準やガイドラインに照らして，実際に受け入れる資料を決めていく。このためにはさらに，上で述べたような利用者のニーズや経済的制約などを考慮しなければならず，また，各資料の主題にある程度精通している必要もある。この点で，資料選択は高度な知的判断を必要とする専門的な作業であるといえる。

　3）　**収集**　　選択された資料を実際に取り寄せて，コレクションの一部として受け入れる作業が「収集」である。例えば，図書を購入する場合には書店や取次業者を通すことになるが，その業者が取り扱わない図書の場合には，その購入方法を検討しなければならず，それほど容易な作業ではない。一般に，通常の流通経路に乗らないような資料（「灰色文献」とも呼ばれる）を収集するこ

とは難しく，知識・手腕が要求される。また，購入のほかに，寄贈，交換，寄託，会員加入，納本などの収集方法もあり，それらの手順にも精通しておく必要がある。

4）　整理　収集に引き続いて整理が行われる。これは具体的には，目録作成，書誌・索引作成，分類記号付与，件名付与，請求記号付与などを指す。目録作成・分類作業は図書館における非常に重要な作業であるが，これらについては，本シリーズの他巻を参照してもらいたい[1]。

5）　蓄積・保管　整理作業の済んだ資料に対しては，蔵書印の押印や図書ラベルの付与などが行われる。これを**装備**と呼んでいる。そして，装備の終わった資料は書架に並べられ（排架），一般の利用に供される。このようにして，資料が体系的に整理・蓄積されていくことになる。

蓄積された資料が破損・散逸しないよう，長期にわたって保存していくことはたいへん重要である。このためには，損傷・劣化を防ぐための予防措置と，それらを修復する作業の二つが必要になる。さらに，書架や書庫を整理された状態に保つための書架・書庫管理も大事な仕事である。

6）　評価・再編　定期的にコレクションを評価し，その構成に偏りがないか，あるいは，利用者集団の情報ニーズを十分に満たしているかを確認することは重要な作業である。もしその評価結果が十分でなければ，それを資料収集方針や実際の選択作業に反映させなければならない。図書館の評価のための一般的な指標を規定した標準規格として，JIS X 0812（ISO11620）があり，その中に，コレクション評価のための指標がいくつか含まれている。

また，評価の結果として，古くなったなど，何らかの理由から，将来にわたって利用が期待できないような資料が見つかったならば，それらの保存書庫（または保存図書館）への移管や廃棄を検討する必要がある。このような資料除去によるコレクションの再編も，資料選択と並んで，重要なコレクション構築のプロセスである。

1）　大城善盛，倉橋英逸ほか：改訂資料組織概説　樹村房　2002.
　　岡田靖ほか：改訂資料組織演習　樹村房　2002.

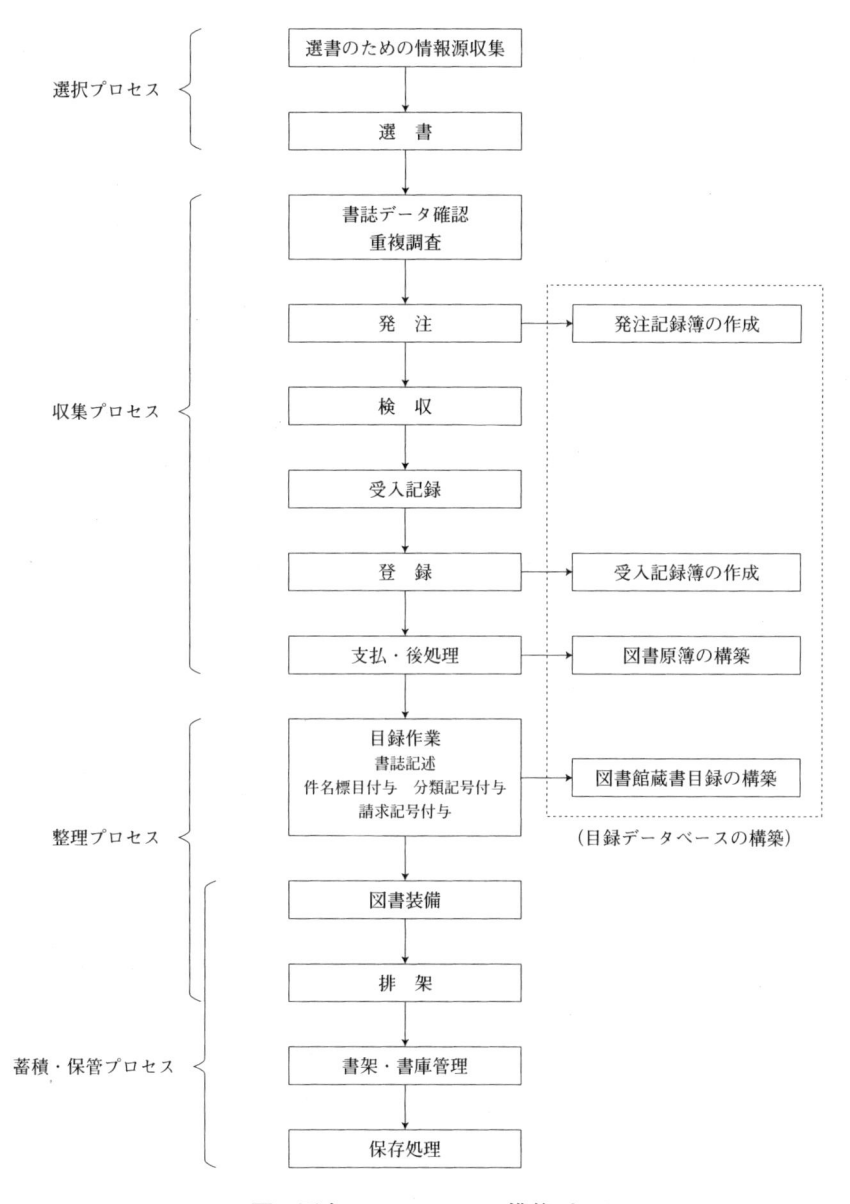

1. コレクション構築とそのプロセス　　　　　　　　　　67

```
                   ┌─ 選書のための情報源収集
      選択プロセス  ┤
                   └─ 選　書

                   ┌─ 書誌データ確認
                   │  重複調査
                   │
                   │  発　注  ─→ 発注記録簿の作成
                   │
      収集プロセス  ┤  検　収
                   │
                   │  受入記録
                   │
                   │  登　録  ─→ 受入記録簿の作成
                   │
                   └─ 支払・後処理 ─→ 図書原簿の構築

                   ┌─ 目録作業
                   │    書誌記述
      整理プロセス  ┤    件名標目付与　分類記号付与  ─→ 図書館蔵書目録の構築
                   │    請求記号付与
                   └                               （目録データベースの構築）

                   ┌─ 図書装備
                   │
  蓄積・保管プロセス ┤  排　架
                   │
                   │  書架・書庫管理
                   │
                   └─ 保存処理
```

3-4図　図書のコレクション構築プロセス

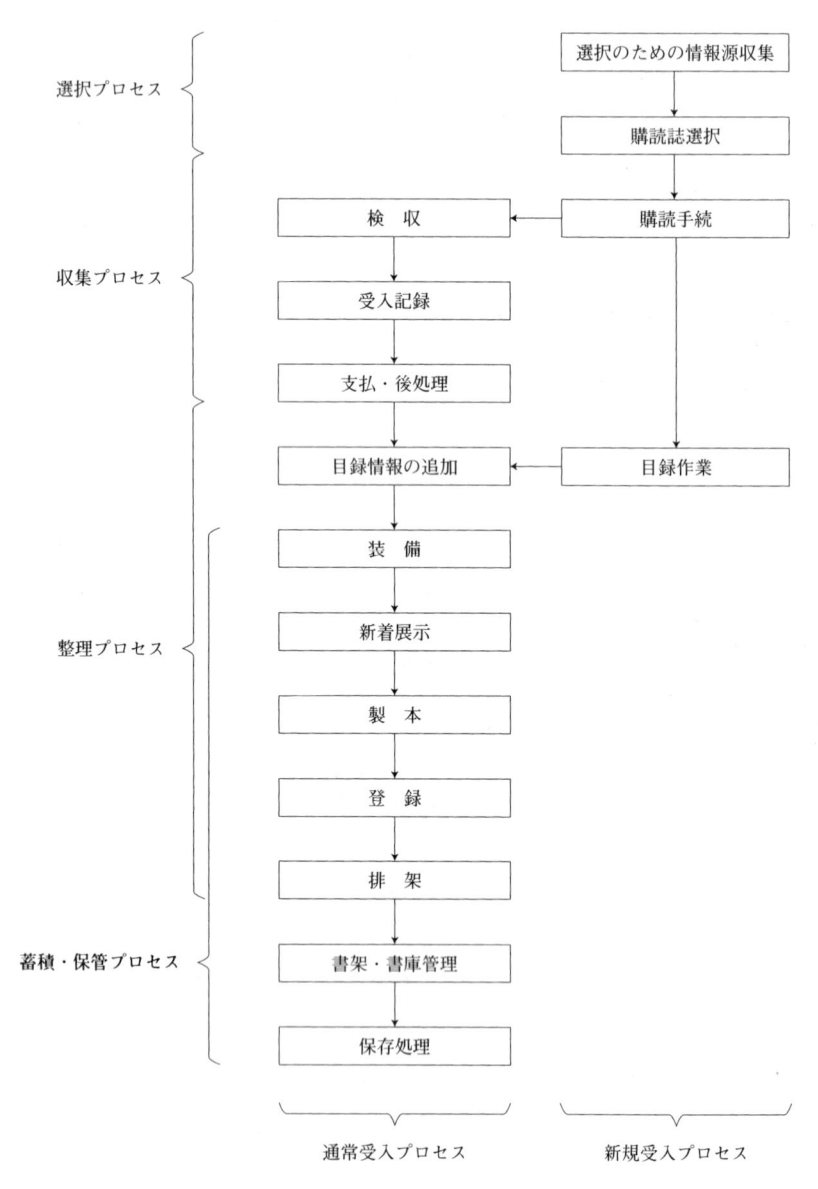

第3章 図書館資料の収集とコレクション構築

選択プロセス
- 選択のための情報源収集
- 購読誌選択
- 購読手続

収集プロセス
- 検収
- 受入記録
- 支払・後処理

整理プロセス
- 目録情報の追加 ← 目録作業
- 装備
- 新着展示
- 製本
- 登録
- 排架

蓄積・保管プロセス
- 書架・書庫管理
- 保存処理

通常受入プロセス　新規受入プロセス

3-5図　逐次刊行物のコレクション構築プロセス

b. 図書と逐次刊行物のプロセス

図書と逐次刊行物についての，より詳細なプロセスを 3-4 図，3-5 図にそれぞれ掲げた。各プロセスの詳細は，本章の第 2 節 (p.70) 以降を参照のこと。

c. プロセスの機械化

以上のコレクション構築のプロセスは，近年，コンピュータの導入によって効率化が図られている。例えば，3-4 図に示された重複調査（選択された図書がすでに購入されていないかどうかの確認）には，目録データベースのコンピュータによる検索が欠かせない。そのほか，発注・検収・登録業務や目録作成業務，書庫管理，評価作業などにもコンピュータは重要な役割を果たしており，それらを一貫して支援するシステムを導入している図書館も多い。

(3) コレクション構築に関する研究

図書館情報学の研究者や図書館員によって，コレクション構築についてのさまざまな研究がなされている。ここでは特に，その一連の研究の中で発見・探究されてきた統計的な法則についてふれておく。

a. ブラッドフォードの法則

1930 年代にブラッドフォード (S.C.Bradford) によって発見された，学術論文の雑誌への掲載に関する統計的な規則性を，一般に**〈ブラッドフォードの法則〉**（あるいは**〈経験則〉**）と呼ぶ。この法則は，「特定主題に関する論文を集中的に掲載する雑誌が少数存在する一方で，その主題に関する論文をごくわずか掲載する雑誌が多数存在する」という，いわば「集中と分散の現象」を記述したものである。

コレクション構築の観点からは，「特定主題を集中的に掲載する雑誌」を優先的に購入することで，より少ない予算によって，その主題に関する論文をより多く集められることになる。このような雑誌をコアジャーナルと呼ぶことがある。また逆に，「その主題に関する論文をごくわずか掲載する雑誌が多数存在す

る」ということは，ある主題に関する論文を完全に網羅したコレクションの構築を試みたときに，それがいかに難しいかを示しているわけでもある。

なお，興味深いことに，同じような「集中と分散の現象」は経済学や言語学，天文学など，図書館の世界を超えて，普遍的に観察されている。また，図書館の場合でも，ごく少数の図書が数多く貸し出され，大部分の図書は全く貸し出されないか，ごくたまに貸し出されるだけであるという，〈ブラッドフォードの法則〉によく似た現象が観察されることが知られている。

b．資料の老化

資料が受け入れられたのち何年も経てば，当然，その内容は古くなり，利用が減少していく。これを資料の老化（obsolescence）という。中には何年経ってもよく利用されるような資料もあるが（例えば，古典的な名著など），全体的な傾向としては，その利用の程度は年々，指数関数的に減少していくということが何人かの研究者によって指摘されている。場合によっては，この指数関数的な減少を〈老化の法則〉と呼ぶこともある。

その減少の曲線が指数関数になるかどうかは，実際にはその状況に大きく依存するので別としても，利用が減少していくのは当然であるから，その減少率を勘案して，コレクションの再編計画を立てていくことは重要であるといえよう（本章の第5節(p.122～)参照）。

2．資料選択のプロセス

(1) 資料選択の基準と実際

図書館に備えるべき資料を選択する作業は，複雑で知的な意思決定プロセスであり，例えば，次のような数多くの要因が相互に関係する。

① その図書館（あるいは図書館が属する親機関）の目的や目標
② 利用者とその要求（ニーズ）

③ 資料自体の特徴や価値
　④ 現時点でのコレクションの特徴
　⑤ 資料購入のための予算の制限
　⑥ 相互貸借や文献複写サービスによる利用可能性（availability）

　資料選択の担当者は，これらの要因を総合的に検討しつつ，選定を進めていく必要がある。例えば，資料選択の担当者が，ある新しい資料の出版情報を得たとする。この資料を図書館で購入すべきかどうかを検討する際には，まず，当該図書館の目的，目標に照らし合わさなければならない（上記の①）。その上で，その資料が当該図書館のサービス対象である利用者にとって必要かどうかや，利用者が希望する理由が妥当かどうかについての検討（上記の②），さらには資料自体の内容や質の検討（上記の③）を行う。また，類似の資料をどの程度所蔵しているのかについての考慮（上記の④）や，資料が高額の場合には，予算の確認も必要である（上記の⑤）。さらには，購入しないと仮定した場合に，近隣の所蔵館を調査して，その所蔵館と相互貸借などの方法で代替利用ができるかどうかを検討することもある（上記の⑥）。

　これらは，ほんの一例にすぎないが，資料選択のプロセスにおいては，これらの要因に関する検討が欠かせない。その手順や要領については，図書館が収集すべき資料の範囲などとともに「資料収集方針」の中に明示することが望ましい。

a．資料収集方針

　図書館の目的や，収集すべきコレクションの範囲などを文章として規定したものを，一般に，資料収集方針と呼ぶ。資料収集の根拠として最も基本的な枠組みを与えるのは，その図書館の目的である。例えば，公共図書館ならば，「図書館法」第2条に従って，一般公衆の「教養，調査研究，レクリエーション等に資すること」が最上位の目的となる。大学図書館ならば，その大学の構成員である教職員，大学院生，学部生への「研究，教育，学習支援」が最上位の目的になる。しかしながら，このような目的は，通常，抽象的であり，実際的な

問題に対処するための拠りどころとしては十分ではない。そこで，多くの図書館では個別的に，より具体的な運営方針を規定しているが，そのなかでも特に資料収集にかかわる部分が資料収集方針に該当する。

資料収集方針に含めるべき要素については，おおよそ次のように集約することができる。① 図書館，あるいはその親機関の目的や役割，② 収集すべき資料の主題別範囲（選書方針，年代，言語，地理的範囲，資料形態など），媒体別基準（機械可読資料，マイクロ資料，視聴覚資料，書簡など），逐次刊行物別基準（雑誌，新聞，大学紀要，統計など），コレクション別基準（レファレンス，貴重書，開架図書，個人文庫など），③ 選択の基準（複本，著者，出版社，参考文献，価格，他図書館の所蔵状況など），④ 寄贈図書受け入れ，⑤ 収集の優先順位，⑥ 利用者とその要求，⑦ コレクション評価の方法と手順，⑧ コレク

3-1表　「図書館の自由に関する宣言1979年改訂」における第1項の抜粋

第1　図書館は資料収集の自由を有する。

1. 図書館は，国民の知る自由を保障する機関として，国民のあらゆる資料要求にこたえなければならない。
2. 図書館は，自らの責任において作成した収集方針にもとづき資料の選択および収集を行う。
   その際，
   (1) 多様な，対立する意見のある問題については，それぞれの観点に立つ資料を幅広く収集する。
   (2) 著者の思想的，宗教的，党派的立場にとらわれて，その著作を排除することはしない。
   (3) 図書館員の個人的な関心や好みによって選択をしない。
   (4) 個人・組織・団体からの圧力や干渉によって収集の自由を放棄したり，紛糾をおそれて自己規制したりはしない。
   (5) 寄贈資料の受入れにあたっても同様である。
   　図書館の収集した資料がどのような思想や主張をもっていようとも，それを図書館および図書館員が支持することを意味するものではない。
3. 図書館は，成文化された収集方針を公開して，広く社会からの批判と協力を得るようにつとめる。

ションから除くべき不要な資料の選択，および雑誌などの継続購入中止に関する方法と手順，などである。これらは相互排反的なものではなく，中には密接に関連するものもある。

　資料収集方針は単なる業務上の具体的な手順のマニュアルではない。場合によっては，社会における図書館の役割や立場を明確にするための拠りどころになることさえある。例えば，3－1表は日本図書館協会が制定した「図書館の自由に関する宣言1979年改訂」の第1項「図書館は資料収集の自由を有する。」についての副文の抜粋である[1]。この副文の3．が示すように，この宣言においては，資料収集方針の作成は，図書館の立場を一般的に知らしめ，そこからのフィードバックによって，社会との連携を図るための一つの方策として位置付けられている。なお，この宣言は公共図書館での資料選択を実施する上での重要な指針であり，資料選択の担当者は，その他の部分も含めて十分に精通している必要がある。

　資料収集方針の成文化にあたっては，個別的な事例や細かな規定にまで言及すればするほど，その作業労力が必要となり，また，それが膨大になれば，その理解や運用に困難が生じる可能性がある。しかし，資料収集方針に従って作業を進めていくことにより，その図書館の目的に合った，資料選択の担当者の独断に左右されない一貫性のあるコレクション構築が実現できる。

　ここでは，一つの考え方として，公共図書館での図書収集ガイドラインについて，私案を紹介する。この私案は，ボストン公共図書館で体系化された資料収集方針[2]をもとに，この問題を検討していた公共図書館員の意見を踏まえたものである。

　まず最初に，収集レベルを概念化する（3－6図参照）。それは，図書のタイプによる分類，図書のレベルによる分類，さらに図書の選択のレベルによる分類の三つであり，これらを組み合わせることによって，図書を概念的に，次の

---

1) 日本図書館協会図書館の自由に関する調査委員会編：「図書館の自由に関する宣言1979年改訂」解説　日本図書館協会　1987　p.6-7, p.21-23.
2) ボストン公共図書館のホームページより。(http://www.bpl.org/general/policies/collectiondev.htm)。2004年1月18日現在。

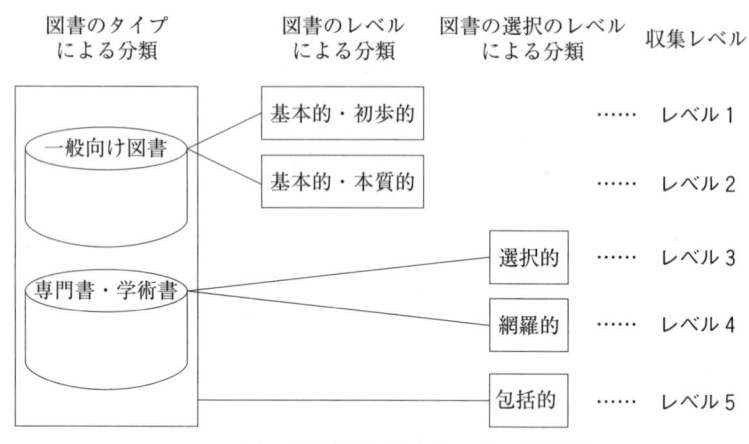

```
図書のタイプ          図書のレベル         図書の選択のレベル      収集レベル
による分類            による分類           による分類

                  ┌─ 基本的・初歩的 ──────── …… レベル1
      一般向け図書 ─┤
                  └─ 基本的・本質的 ──────── …… レベル2

                  ┌─ 選択的 ──────────── …… レベル3
      専門書・学術書─┼─ 網羅的 ──────────── …… レベル4
                  └─ 包括的 ──────────── …… レベル5
```

3-6図　図書収集ガイドライン概念図

五つの収集レベルに分類する。

- レベル1：一般向け図書で基本的・初歩的内容のものを収集
- レベル2：一般向け図書で基本的・本質的内容のものを収集
- レベル3：学術書・専門書で選択的に収集
- レベル4：学術書・専門書で網羅的に収集
- レベル5：対象分野について，すべてのレベルを包括的に収集

次に，これらの五つの収集レベルを「日本十進分類法」の分類（第三次区分）に対して割り当て，「当年度収集目標冊数」（前年度出版冊数を参考），「前年度収集実績」，「前年度出版冊数」，「前々年度収集実績」を加えることにより，収集レベルを客観化し，自己点検・評価を容易にすることが必要である。さらに，分類ごとに収集についての「留意事項」を添えることで，実務的にも大変わかりやすくなり，かつ便利なツールになるであろう。このような考え方を「日本十進分類法」の総記（0類）に適用してみたのが3-2表である。

b. 利用者とその要求

3-1表「図書館の自由に関する宣言」の中の副文1では，「国民のあらゆる資料要求にこたえなければならない」とあるが，これは，資料選択に一つの重

2．資料選択のプロセス　75

3−2表　図書収集ガイドラインの例：0類

0類	NDC	主題	収集レベル	収集留意事項	当年度収集目標冊数	前年度収集実績	前年度出版冊数	前々年度収集実績
	002	知識、学問、学術	5	学問の案内書からフィールドワーク方法論まで幅広く積極的に収集する				
	007	情報科学	4	情報技術の政策や動向、オペレーティングシステムやプログラミング言語など最新の技術情報を提供できるようにする				
	010〜018	図書館	5	一般向け図書から専門書まで包括的に収集する				
	019	読書、読書法	4	読書に関する案内書から、専門家の書評まで積極的に収集する				
	020	図書、書誌学	5	読書へ誘導する多分野なので網羅的に収集する				
	021	著作、編集	5	著作権、知的所有権、あるいはコンピュータによる編集について積極的に収集する				
	022	写本、刊本、造本	4	調査・研究のための需要に対応するために積極的に収集する				
	023〜024	出版、図書の販売	5	最新の出版状況を概観できるもの、専門的な出版統計を積極的に収集する				
	025〜029	書誌、目録	4	調査・研究のための需要に対応するために積極的に収集する				
	030〜039	百科事典	5	最新情報に対応できるように積極的に収集する				
	040〜049	一般論文集、一般講演集	3	厳選が必要であるが、特に049に分類されるような雑著は厳選する				
	050〜059	逐次刊行物、一般年鑑	4	各種年鑑も積極的に収集する				
	060〜069	団体：学会、協会、会議	4	需要の高い専門団体、機関の名簿類は積極的に収集する				
	070〜077	ジャーナリズム、新聞	5	一般向け図書から復刻した新聞まで網羅的に収集する				
	080〜082	叢書、全集、選集	4	一貫した方針のもとに編集された全集や著者の個人全集は積極的に収集する				

当年度収集目標冊数参考　　前年度出版冊数　　『出版年鑑』より記載　　前々年度実績数値を記載　　前年度実績数値を記載

要な基準を与える。このような利用者の要求を基準とする考え方は，一般に「要求論」と呼ばれる。この考え方と対極的な主張が，資料それ自体の価値を重視する「価値論」である。

　選書論の長い歴史の中で，要求論と価値論のどちらに依拠すべきかについての議論が数多くの研究者，実務家の間でなされてきた。例えば，19世紀後半から20世紀初頭にかけての欧米の公共図書館における，いわゆる「フィクション論争」はその典型である。これは，公共図書館に娯楽小説を置くべきか否かという論争であり，肯定派は要求論に依拠し，否定派は価値論に依拠したといえる[1]。後者の主張の背後には，市民にいわゆる「良書」を読ませ，その知的水準を引き上げることを図書館の使命と考える「教育主義」があり，この立場からは，娯楽小説を図書館に置くべきでない，あるいは，その分の予算を他の有用な資料に充てるべきだということになる。

　「図書館の自由に関する宣言」に示されているように，現在のわが国の公共図書館界では，住民である利用者の要求を重視する，いわゆる「要求論」が優勢であるといえる。しかし，歴史的には，1963年の『中小都市における公共図書館の運営』(略称「中小レポート」)や，1970年の『市民の図書館』などによって，戦前の教育主義的な価値論の影響が次第に拭い去られていったという経緯に留意する必要がある[2]。すなわち，要求論に依拠して住民により親しまれる図書を積極的に貸し出すことが，旧来の資料利用度の極めて低い保存書庫的な図書館からの脱却の原動力となり，現在の公共図書館の地位を築き上げてきたという歴史的な流れがあるのである。もちろん，利用者の要求といえども，極端に低俗な図書などを図書館に置くことには問題が残り，いくつかの制約を受けるのが現状である（これは「制限的要求論」といわれることがある）[3]。しかし，

---

1) 詳しくは，次の文献を参照。
　　河井弘志：アメリカにおける図書選択論の学説史的研究　日本図書館協会　1987　p. 52～91.
2) これに関しては，次の論文が詳しく解説している。伊藤昭治・山本昭和：1970年以降の公立図書館図書選択論　日本図書館学会研究委員会編　『現代の図書選択理論』日外アソシエーツ　1989　p. 29～59.
3) 三浦逸雄・根本彰：コレクションの形成と管理　雄山閣　1993　p. 175～180.

そのような一見，低俗と思われるような図書でさえも，風俗や歴史に関する研究にとっては，有用な資料となることもあり，個々の状況を十分に考慮する必要がある。

　利用者の要求は，一般に顕示要求と潜在要求とに分けられる。顕示要求とは，利用者がもつ情報要求のうち，図書館の利用や貸出などのような具体的な行動として表われる要求を指す。一方，潜在要求とは，そのような形では具体化されない要求を意味する。資料選択においては，利用者が図書館以外の情報源を利用した場合や，明確な要求をもって図書館に来館したにもかかわらず，その目的を果たせず，あきらめてしまった場合なども，一種の潜在要求として扱う必要がある。

　情報要求の発生から実際の利用までの大まかな流れは3-7図のとおりである。人間は，自分のもっている情報だけでは解決できない，何らかの問題に直面したときに情報を求める。これは明確に意識された情報要求と考えることができる。ただし，そのすべてを明確に認識できるとは限らず，漠然とした要求をもつことも多い。また，普段，明確には意識されていない情報要求（すなわち潜在要求）が何かのきっかけで顕在化し，明確に意識されるようになることもある。これらの意識された情報要求によって，情報探索行動（information seeking behavior）が引き起こされ，図書館が利用される。もちろん，図書館以外の

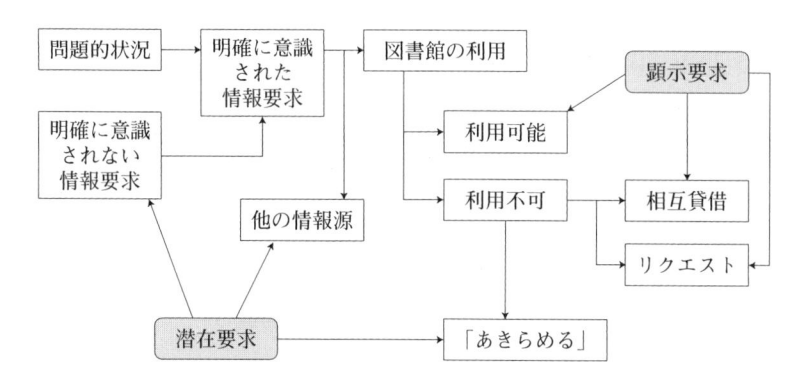

3-7図　情報要求の発生と図書館の利用

情報源にアクセスする場合があり，すでに述べたように，図書館の資料選択の立場からは，これらも一種の潜在要求ととらえることができる。

　図書館にもたらされた要求は，館内閲覧，館外貸出，電子複写，レファレンスへの質問，データベース検索，館内施設利用などのさまざまな形をとる。これらの顕示要求は，図書館員の業務上の経験や，貸出データなどの業務記録の統計を通じて知ることができる。また，その図書館の資料では要求が充足できない場合には，資料予約，相互貸借，購入希望，紹介状発行などの要求が図書館にもたらされることがある。これはコレクションの評価にとっても重要である。しかし，そのような積極的な手段をとらずに，あきらめてしまう利用者がいる可能性も忘れてはならない。この場合には，来館者調査など，特別な調査を実施しない限りは，その要求を知ることはできない。

　資料選択においては，資料予約，相互貸借，購入希望，紹介状発行などの申込としてもたらされる顕示要求に十分に対処するとともに，そのような形となって現れない潜在要求をも考慮することが望ましい。このためには，利用者との日常的な接触による体験や情報，さらには潜在要求についての組織的な統計調査などが重要である。なお，図書館に関する全国的な規模での統計調査が実施されることもあるが，これなども潜在要求を知る一つの手がかりになる[1]。

　大学図書館においても，利用者の要求は重要である。一般に，大学図書館は，その教職員や大学院生，学部生の研究・教育活動への支援が主要な目的であり，シラバスに基づいた選書や，「学生に良書を」という観点からの資料選択が重視されることが多い。このことはもちろん重要であるが，その一方で，学問の専門化や細分化が進み，資料選択の担当者がすべての分野を幅広く見渡して，資料を的確に選定することはむずかしくなってきている。このため，利用者としての教職員，大学院生，学部生の利用や要求に基づいた資料選択の重要性が増しつつある。

---

1) 毎日新聞社は1947年以降，毎年，全国的な「読書世論調査」を実施して年次報告書を刊行している。なお，1954年からは学校読書調査もあわせて実施されている。

最近では，インターネット経由で，相互貸借，購入希望，紹介状発行，レファレンス質問の申込を受け付けている大学図書館もある。従来，これらのサービスを受けるには，利用者は，図書館の開館時間内に来館して申し込む必要があった。しかし，これらがインターネットによって，24時間，必要な時に自宅や研究室などから申し込めるようになったわけであり，このようなサービスは潜在要求を顕示要求へと移行する機会を拡大させていると考えられる。

さらには，文部科学省の2000年6月の答申「大学における学生生活の充実方策について（報告）：学生の立場に立った大学づくりを目指して」の中の「3.学生の希望・意見の反映」にもあるように，定期的に学生と意見交換する場を設け，むしろ潜在要求を積極的にとらえる必要もある。これを実際に行って，その結果を図書館経営に反映させている大学図書館もある。

c. 資料自体の特徴や価値

価値論においては，資料自体の特徴や価値に重点が置かれるが，大学図書館においては，この視点からの資料選択が行われる場合が多い。例えば，ヘインズ（H. E. Haines）[1]が掲げた図書の評価基準（文学作品は除く）は，① 主題・範囲（Subject matter），② 著者の権威（Authority），③ 著作の質（Qualities），④ 資料の形態的特徴（Physical characteristics），⑤ 読者にとっての価値（Values for reader），の5点であったが，これらは価値論的な資料選択のための基準の典型例といえる。なお，参考までに，さらに詳細なヘインズによる評価基準を3-3表に示す。

公共図書館や大学図書館では，主題領域ごとに収集すべき資料の範囲レベルを設定し，それを資料選択方針のなかに盛り込んでいる図書館も少なくない。例えば，アメリカ図書館協会（ALA）のガイドラインの中で言及されているRLGコンスペクタス（Research Library Groupによって作成されたコレクション構

---

[1] Haines, Helen E.: *Living with books ; the art of book selection.* 2nd ed. Columbia University Press. 1950 p.53～54.

3-3表 ヘインズの一般図書評価法（一部修正：以下の注記参照）

A. 主題・範囲
　a. 主題・テーマはなにか。
　b. 主題の範囲：包括的か，部分的か。
　c. 周辺的な主題も追加されているか。
　d. 論述の網羅性：論述が簡潔であるか，網羅的か，選択的か。
　e. 主題の取り扱い：具体的か，抽象的か。
　f. 主題の一般性・学術性：一般向けか，学術的か，技術的か。
　g. 対象読者：一般読者向けか，学生向けか，専門家向けか。
　h. 適時性：主題の時期は適切か。
B. 著者の権威
　a. 著者の適格性：著者の教育，経験，著述の準備状況。
　b. 参考資料の信頼性：参考資料を用いているか。用いているとすれば，それは信頼性のあるものか。
　c. 著述の主観性・客観性：著述は著者の個人的な観察に基づくものか，調査研究に基づくものか。
　d. 著述の正確性：著述の正確性，的確性。
　e. 著述に含められている事実や理論に対する理解度。
　f. 著述の観点：偏向的か，公平的か，伝統的か，急進的か。
C. 著作の質
　a. 創造性：著作の創造性の程度。
　b. 著述の形式：著述の形式がその意図や主張に対して適切であるか。
　c. 独創性は著作の考え方にあるのか，それとも表現法にあるのか。
　d. 読みやすさ：明解さ，読みやすさはどうか，魅力的か，深みがあるか，想像性が豊かか。
　e. 著作は興味深いものか，文献として永続的に貢献するようなものかどうか。
D. 資料の形態的特徴
　a. 索引：適切な索引が付けられているか。
　b. 図表等：図表，地図，参考文献リスト，付録などが付けられているか。
　c. 印刷：印刷の鮮明度や用紙の品質はどうか。
E. 読者にとっての価値
　a. 価値のある情報を持っているか。
　b. 文化的な貢献をするかどうか。
　c. 読者の関心を刺激するかどうか。
　d. 読者の娯楽やレクリエーション向けかどうか。
　e. どのような目的の読書に合致するか。
　f. 〔対象読者〕どのようなタイプの読者向けのものか。

注：この表は，ヘインズによる元の表を，次の点で一部修正した。①わかりやすいように，必要に応じて小見出しをつけた。②簡潔にするため，一部の説明を省略した。正確な表を知りたい場合には，ヘインズの原典を参照のこと。

築方針の概要（conspectus））におけるレベルは，次の五つである[1]。

「0」：収集対象外（out of scope）

「1」：最小レベル（minimum level）：基本的な著作以外はほとんど収集しない

「2」：基本情報レベル（basic information level）：入門的な知識や主題領域の概要を知るのに役立つもののみを収集

「3」：学習・教育支援レベル（study or instructional support level）：研究レベルまでは届かないレベルで資料を収集

「4」：研究レベル（research level）：研究に必要となる資料を収集

「5」：包括レベル（comprehensive level）：使用言語を問わず，可能なかぎり収集

　各資料の難易度や特徴，内容から，それが属する主題領域に対して設定されたレベルに応じて，その収集が検討される（実際には，「1」〜「3」のレベルはさらに細分されている）。

　公共図書館の場合にも，価値論的な視点が完全に無視されるわけではない。例えば，前川恒雄は，公共図書館におけるその経験から，資料選択の尺度として，次の三つを挙げている[2]。

① 「読者が何かを発見するような本。いいものにめぐりあえたと思える本。つまり，独創とまで言わなくても，筆者自身の考え・体験・工夫が，読者に刺激をあたえ考えさせる本。」

② 「具体的で正確な本。これは科学の分野だけでなく，芸術についても言えることである。さらに，叙述の背後からより本質的なもの，筆者の考え方が浮きでてくる本。」

③ 「美しい本。何が美しいかは人によってさまざまだが，感覚的なものだけではなく，数学の簡潔さなどに感じるものを含んだ美しさである。さわや

---

[1] 　アメリカ図書館協会図書館蔵書・整理業務部会編，青木良一ほか訳：ALA蔵書の管理と構成のためのガイドブック　日本図書館協会　1995　p.72〜76．なおRLGは，2006年7月からOCLCに統合された。

[2] 　前川恒雄：われらの図書館　筑摩書房　1987　p.87．

かな気持ちがわいてき，心が洗われるような本。」

これらの尺度は，価値論と要求論との統一という文脈のなかで提示された点に注意する必要がある。すなわち，質の高いコレクションをそろえることが利用者の高い要求を生み出し，その要求に沿うことで，コレクションの一層の充実が達成されるという，いわば相乗的効果としての価値論と要求論との統一であり，その延長上に前述のような尺度が提示されているのである。

d. 現時点でのコレクションの特徴

最近の中心的な考え方の一つとして，資料を個別的に選択するというよりも，その集合体としてのコレクション全体の構築・維持に重点を置くものがある。この考え方は，すでに説明したように，「図書選択（book selection）」から「コレクション構築（collection development）」，あるいは「コレクション管理（collection management）」への用語法の変化にも反映されている。そこでは，収集する資料と，その時点でのコレクションとの関連が強調される。例えば，その時点でのコレクションの強弱を分析，把握し，弱い部分への補充を目的として資料収集を行うことにより，コレクションを全体としてより良いものに近づけようとする発想は，その典型例である。

例えば，大学図書館では，収集しなければならない弱い部分への資料収集のため，次のような作業をすることがある。

① 当該分野ごとの概説書などを参考に自館所蔵との比較対照
② 当該分野における著名な大学図書館の所蔵との比較対照
③ 雑誌の場合は，文献引用影響率（ある特定雑誌に掲載された論文が，1論文当たり特定の1年間において平均的にどれくらい頻繁に引用されているかを示す尺度）の上位を占めている雑誌と自館所蔵との比較対照
④ 関連する研究者とのヒアリング

また逆に，内容的に古くなった資料やほとんど利用されなくなった資料などを取り除いて，コレクションの新陳代謝を促進させるという考え方も，基本的にはこの延長上に沿った発想である。

もちろん，この考え方が要求論や価値論に取って代わるわけではない。例えば，コレクションの特徴や強弱を把握する方法として，貸出統計を用いた評価法があるが（詳しくは本章の5．(1) d-1），(p.132～135）を参照)，これはコレクションの利用（すなわち要求）を基準としてコレクションの強弱を測っていることになる。

　さらに，大型コレクションや特殊資料などを資料選択する場合に，例えば，書架が狭隘化していた場合は特に排架する場所を確保することができるのかどうか，ディジタル媒体資料であれば，それが図書館に設置してあるパソコン環境で稼働するのかどうか，資料を保存書庫などに別置しなければならない時にその利用方法はどうなるのか，納品後の目録作業におおよそ，どのくらいの期間を必要とするのかなど，関係する担当部署に事前に確認しておくことも必要である。図書館業務は共同作業で成り立っていることを忘れてはいけない。

e．資料購入のための予算の制限

　出版量の増大，あるいは媒体の多様化，雑誌の購読料の値上がりなどによる資料購入予算の圧迫は，社会の不景気状況の影響も受け，今日すべての図書館が直面している問題である。『日本の図書館：統計と名簿2005』（日本図書館協会）によれば，公共図書館全体の資料購入予算は，2003年度決算額は321億5,684万円，2005年度予算額は288億5,679万円であり，33億5万円減少している。また大学図書館では，国立大学，公立大学，私立大学の合計による資料購入予算は，2004年度決算額は683億4,537万円，2003年度決算額は708億6,652万円（『日本の図書館：統計と名簿2004』より）であり，25億2,115万円減少している。

　こうした予算状況において資料選択の担当者は，前年度実績を基にしながら，年度初めに資料購入予算を項目別に予算配分をする必要がある。例えば，大学図書館では，図書，継続図書，雑誌，バックナンバー，ディジタル資料，予備などの項目別に予算配分をしている。そして，資料選択の購入者は，毎月の資料購入予算の消化状況を前年度同時期との比較をしながら確認し，適切な予算管理を目指さなければならない。

f. 相互貸借などによる利用可能性

　出版量の増大や情報メディアの多様化に対処するために，複数の図書館間での分担収集や相互貸借の制度が実現されている。例えば，分担収集に関しては，米国のファーミントン・プラン（Farmington Plan）が有名である。これは，1948年から1972年末まで実施された計画で，あらゆる国の研究価値を有するあらゆる図書ないしパンフレットを，米国のどこかの図書館で利用可能にするという目的で，米国の主要大学図書館のグループが実施した協同収集計画である[1]。なお，ファーミントン・プランはその後，米国議会図書館による全米収書目録計画（National Program for Acquisition and Cataloging：NPAC）に発展・解消したと考えられる。

　一方，わが国では，文部省（当時）が指定した国立大学拠点校における外国雑誌の分担収集制度がよく知られている。これは，わが国の大学図書館で特定主題分野の外国雑誌を網羅的に利用可能とするために，以下のような主題分野別に拠点校を指定して，その図書館が外国雑誌センター館となり，重点的に外国雑誌の収集を行うというものである（1977年開始）。

〈医学・薬学系〉　　　センター館　　：大阪大学附属図書館中之島分館
　　　　　　　　　　サブセンター館：東北大学附属図書館医学分館
　　　　　　　　　　　　　　　　　　九州大学附属図書館医学分館
〈理工学系〉　　　　　センター館　　：東京工業大学附属図書館
　　　　　　　　　　　　　　　　　　京都大学附属図書館
〈農学系〉　　　　　　センター館　　：東京大学農学部図書館
　　　　　　　　　　サブセンター館：鹿児島大学附属図書館
〈人文・社会科学系〉　センター館　　：一橋大学附属図書館
　　　　　　　　　　　　　　　　　　神戸大学附属図書館

　これらの雑誌は，全国の研究者に公開され，文献複写サービスを受けることができるようになっている[2]。

---

1)　丸山昭二郎ほか監訳：ALA図書館情報学辞典　丸善　1988　p.199.
2)　日本図書館協会編：図書館ハンドブック　第5版　1990　p.395-396.

また，英国図書館の文献提供センター（British Library Document Supply Centre：BLDSC）のように，文献の電子複写を有料で郵送，あるいはファクシミリ送信するサービスを実施している機関もいくつかある。BLDSCでは，書誌情報のデータベース検索と文献提供サービスとを統合したサービスである"inside web"を提供しており，BLDSCが所蔵している幅広い分野に及ぶさまざまなコレクションの中から検索を行い，迅速に希望している文献を受けとることができる。さらに，2002年12月からは，2,500誌以上の電子ジャーナルの論文をPDF（Portable Document Format）形式でネットワークを通じて提供するサービスも開始され，また図書の貸出サービスも2003年4月に始まった。このように図書館ネットワークの発達した現在では，分担収集，相互貸借を積極的に利用することにより，より少ない予算で，資料の利用可能性を高めることが可能になっている[1]。

このことは，資料選択の際に，購入以外の他の方法による資料提供の可能性を考慮に入れるべきことを意味している。例えば，文学部のみをもつ単科大学の図書館で，年に数回程度しか利用されないような数学の専門的な外国雑誌を購入すべきかどうかということになれば，定期購読するのではなく，その数回の利用要求に対して，相互貸借による文献複写を取り寄せることで対応した方が，経費や書架スペースの面ではるかに効率的であるという議論になろう。ただし，このような意思決定においては，費用やスペースの節約だけではなく，次の二つの点にも注意をする必要がある。

1）ブラウジングの効果　　開架書架において，利用者が直接，現物の資料をブラウジングすることによって，利用要求が引き起こされるということは決して少なくない。これはコレクションがもつ重要な効果である。

2）時間的な遅れ（タイムラグ）　　相互貸借によって資料を入手するまでには，ある程度の時間がかかる。図書館ネットワークが発達し，その処理がかなり迅速になったとはいえ，利用要求の発生から提供までには時間的な遅れ（タ

---

1) 図書館ネットワークに関して詳しくは，次の文献，およびその引用文献を参照。　高山正也ほか：改訂図書館経営論　樹村房　2002　p.120～136.

イムラグ）が生じることになる。

　最近では，紙媒体の雑誌を購入していなくても，電子ジャーナルとして閲覧できることもあり，その利便性は向上しつつあるが，いずれにしても，基本的には，自館のコレクションとして所蔵していれば，要求が生じたときにすぐに提供できるわけであり，これは利用者にとっては大変魅力的なことである。

（2）　資料選択の体制・組織

　前節で解説した方針に基づき，効果的かつ効率的な資料選択を行っていくためには，そのための体制・組織が重要になる。通常，資料選択の業務は，次節で解説する収集業務（発注，受入業務）とともに，テクニカルサービス部門の中に位置づけられる。大規模図書館では，選書課や収書係などとして，資料選択や収集のための独立した課や係が設置される場合もあるが，小規模図書館では，組織上は他の業務と一緒にまとめられる傾向にある。

　また，資料選択のために委員会が設置されている場合がある。この委員会の構成員は，次のとおりである。

　① 図書館員以外で構成されている場合
　② 図書館員のみで構成されている場合
　③ 図書館員とそれ以外とで構成されている場合

　①の事例は，大学図書館における資料の購入を検討するために，大学教員のみによって構成された図書委員会などがある。この場合でも，事務的な手続きとの関係から，資料選択の担当者である図書館員は事務局として参加するべきである。

　一方，公共図書館において，貸出カウンターや移動図書館などを図書館員が順番に担当している場合，その図書館員全員が，利用者の要求や読書傾向などを直接的に把握する機会をもっているため，資料選択を担当することがある。その調整のために，委員会あるいは類似した機能が必要になってくる。これが上記②の事例である。大学図書館では，委員会という体制をとらなくても，全専任図書館員が，定期的に近刊案内情報誌や書店のカタログを回覧することに

よって，それぞれ得意の主題を中心に資料選定体制をとっている場合もある。③の事例としては，大学図書館における教員と図書館員との両者が参加する図書選定委員会などが挙げられる。大学図書館では，資料選択と教員による研究・教育とは密接に結びついているため，教員の参加が欠かせない。そのため，そのような委員会が設置されることが多い。

学校図書館や専門図書館の場合には，一般に小規模なため，独立した選書課や収書係を設置していることは少ない。また大学図書館以上に，それぞれの利用者が限定され，利用者と図書館はより密接に結びついている。したがって，それらの利用者の代表が委員会などの組織を通じて，資料選択作業に参加することが望ましい。例えば，学校図書館ならば，教員の代表者（各学年代表，各教科代表など）と司書教諭，学校司書などからなる委員会であり，企業内の専門図書館（あるいは資料室）ならば，各部署の代表者と図書館の担当者とからなる委員会を組織することが考えられる。

このように図書館員以外の人間と図書館員との両方が参加する委員会において資料選択が行われる場合，どちらが主導権を握るかという問題がある。例えば，わが国の大学図書館においては，教員が主導する場合が多いといわれているが，それは次の二つの理由からである。

- その主題領域に精通していること
- 教育を担当していることから，学生がどのような資料を使うべきかを把握していること

しかし，研究や教育に多くの時間を割かれる教員が，資料選択を体系的に行う余地があるかどうかには疑問が残る。また，最近の傾向である学問の専門化，細分化によって，限られた主題領域といえども，その全体を網羅することは難しくなってきている。こうした問題を考えれば，主題領域に関する知識と図書館学に関する知識とを併せもった図書館員が，必要に応じて資料収集方針を更新維持することで，委員会での意見や決定事項のうち，資料選択面において積極的な役割を果たすことが期待されている。

（3） 資料選択のための情報源

　資料選択の対象となる出版や販売に関する情報を得るためには，さまざまな情報源を用いる必要がある。従来では，情報を得ようとする人が，能動的に，後述するような情報の種類に適した情報源を調べるのが通常の方法であった。最近では，ホームページを活用して，新刊・既刊情報をわかりやすく発信するインターネット書店を，出版社や書店が開設することも多い。さらに，希望読者にそれらの情報を，メールマガジンとして，定期的に電子メールで案内したり，関心領域についての情報を登録してもらい，それに適合した資料に関する案内を電子メールで送るような選択的情報提供（Selective Dissemination of Information：SDI）を実施する場合もある。

　こうした出版界の一連の読者へのプッシュ型行為の浸透によって，その情報で満足してしまう読者もいるが，それは情報源全体の一部分にすぎないことを認識する必要がある。情報源全体を見渡し，漏れの無い情報収集に努めなければならない。そこで，資料選択を十分に行うためには，図書，雑誌，視聴覚資料，CD-ROM，古書，政府刊行物や地方出版物についての情報源をしっかりと把握することが重要である。以下，それらの代表的な情報源を順次，解説する。

a．図書に関する情報源
図書に関する情報源としては次のものがある。
　① 各出版社からの出版案内
　② 出版情報誌（速報性の高いもの）
　③ 新聞，雑誌の広告
　④ 書評
　⑤ 全国書誌，販売書誌などの書誌，目録類

　②の出版情報誌のデータが累積されて，⑤の全国書誌，販売書誌が編纂される場合があり，この点では，②と⑤とは区別しにくい面もあるが，ここでは，②は速報性の高いもの，⑤は累積性の高いもの（おおむね1年以上）として，

3-4表　出版社の出版案内誌の例

誌　名	出　版　社	創刊年	注　記
ちくま	筑摩書房	1969	
学燈	丸善	1897	「学の燈」で創刊
図書	岩波書店	1938	
春秋	春秋社	1959	
月刊百科	平凡社	1962	「国民百科」で創刊
書斎の窓	有斐閣	1953	
UP	東京大学出版会	1972	
創文	創文社	1962	
ぶっくれっと	三省堂	1975	
本	講談社	1976	
本の窓	小学館	1978	
波	新潮社	1967	
みすず	みすず書房	1959	

分けて解説する。

　1）**各出版社からの出版案内**　　各出版社から出される出版案内，あるいはPR誌は，近刊・新刊情報を入手するのに便利である。主なものを3-4表に示す。なお，最近では，目次情報が各出版社のWebから閲覧できるようになっている。

　また洋書については，洋書の輸入・販売業者（例えば，海外出版貿易，紀伊國屋書店，極東書店，国際書房，丸善，雄松堂書店など）が定期的に主題別の販売目録を作成しており，書名の日本語訳や，簡単な紹介が付されている場合が多い。

　2）**出版情報誌**　　出版情報誌としては，大手取次会社が発行している次の三つが有名である。

- 『ウィークリー出版情報』　日販図書館サービス　1982年〜　週刊
- 『新刊情報』　　　　　　　トーハン　　　　　　1981年〜　週刊

- 『新刊案内』　　　　　　　図書館流通センター　1976年～　週刊

　これらは，出版された図書の速報を目的としているので，新刊情報を入手するには便利である。いずれも排列は，基本的には「日本十進分類法」に基づいており，書誌情報として，書名，副書名，著者名，出版地，出版社，出版年，形態，価格，シリーズ名，ISBNなどが掲載されている。

　その他の新刊情報誌としては次のものがある。これらはいずれも累積されて全国書誌あるいは販売書誌として活用されている。

- 『出版ニュース』　出版ニュース社　1946年～　旬刊

　10日ごとに出版界の動きや書評，新刊案内などを掲載し，巻末に「新刊分類速報」を収録している。この「新刊分類速報」の累積が『出版年鑑』の中核になっている。

- 『日本全国書誌』　国立国会図書館　1988年～　週刊

　1948年に『納本月報』として創刊されたもので，1949年に『国内出版物目録』，1955年に『納本週報』と改題し，1981年に『日本全国書誌　週刊版』，1988年に『日本全国書誌』に改題され現在に至っている。国立国会図書館が，納本制度によって収集した国内出版物の速報版で，構成は，「図書の部」，「逐次刊行物の部」，「視覚障害者用資料の部」，「電子出版物の部」，「地図の部」，「音楽録音・映像資料の部」，「国内刊行アジア言語資料の部」となっている。「図書の部」は，さらに「一般図書」，「児童図書」，「国内刊行欧文図書」，「その他の図書」，「非図書資料」に細分され，さらに，「一般図書」は，「官公庁出版物」と「民間出版物」とに大別されている。

　これら週刊版を年刊累積した出版物が『全日本出版物総目録』（1948～1976年版）であり，『日本全国書誌　年間版』（1977年版のみ）が継続した。その後，1983年から年刊の累積索引版『日本全国書誌　書名著者名索引』（1983～1997年版）が刊行され，『日本全国書誌』年刊版の機能を果たしていたが，現在は出版されていない。これは1981年から開始されたJAPAN MARCの頒布により，紙からディジタルへの衣替えが進められたことによるものである。1992年からは，CD-ROM版の『J-BISC：JAPAN MARC on disc』（年4回）

の刊行が開始され，図書館への普及に加速がついていった。2002年には，CD-ROM 版のほかに DVD 版（「J-BISC DVD 版」）も発行され，明治期から2000年までに国内で刊行された図書約250万件の書誌を1枚に収録している。また，国立国会図書館のホームページでは，NDL-OPAC として，国立国会図書館所蔵の国内刊行図書を，いつでも自由に検索することができるようになっている。

次に，新刊ではないが，出版前の近刊情報を提供するという点で，有益な出版情報誌が次のものである。

- 『これから出る本』　日本書籍出版協会　1976年～　半月刊

　日本書籍出版協会に加盟している出版社の今後一カ月の間に刊行予定の図書情報を掲載している。書誌事項だけではなく，内容についての短い紹介や，対象読者層も付されている。出版前に事前注文を集める目的で創刊された。

　また，選択書誌の速報版も出版情報誌の一種類として考えることができる。特に収録されている図書が，ある基準によって予め選定されているので，資料選択には非常に参考になる。このような選択書誌の事例には，次のようなものがある。

- 『選定図書速報』　日本図書館協会　1950年～　週刊

　日本図書館協会の毎回の選定にかなった図書リストであり，公共図書館，あるいは学校図書館の選書のために有効である。これを年単位で累積されたものが『選定図書総目録』となる。

- 『学校図書館速報版』　全国学校図書館協議会　1952年～　旬刊

　学校図書館向けに全国学校図書館協議会が，読者対象（幼児，小低，小中，小高，中学，高校，高校（職業），教師）を付して選定した新刊書を収録している。次に，海外の出版情報としては次のようなものがある。

- "Weekly record". Bowker, 1974年～　週刊

　もともとは，同社が発行していた "Publishers weekly" に掲載されていた新刊書の紹介リストを独立させたもの。これを月単位で累積したものが，"American book publishing record"（1960年～）である。略称は ABPR。

- "Forthcoming books : now including new books in print". Bowker, 1966年～　隔

月刊

5カ月以内に出版されるものについての近刊情報誌である。

- "*Cumulative book index：world list of books in the English language*". H. W. Wilson, 1898年〜

　英語で書かれた市販図書を中心に, 世界的に網羅して収録するという意図の下に作成されている世界書誌である。略称CBI。1987年からは, 季刊でCD-ROM版も刊行されている。なお, このすぐれた書誌も1999年にその101年の歴史を閉じた。

- "*British national bibliography*". British Library, 1950年〜　週刊

　英国の出版物の全国書誌である。略称BNB。

3）新聞, 雑誌の広告　　新刊図書を知るには, 新聞や雑誌の広告が役に立つ。特に新聞は多くの人々の目にふれることから, これによって利用者の興味が喚起され, その結果として図書館に要求がもたらされることも少なくない。

4）書評　　書評は多くの場合, その主題に関する専門家が, その図書の内容や構成を紹介し, それに批評を加えているので, 資料選択にとっては有用である。例えば, 資料一点ごとに目を通す労力, 時間がない場合や, その主題に関する知識が十分にないような資料の評価を行う場合に, 書評が大きな助けとなる。『朝日新聞』,『毎日新聞』,『読売新聞』,『日本経済新聞』,『産経新聞』などの全国紙をはじめとする多くの一般紙や雑誌には, 定期的な書評欄が設けられ, 新刊書籍などの紹介が行われている。その他, 書評に関する情報源として, ①書評紙, 書評誌, ②専門雑誌の書評欄, ③書評索引, などがある。

　書評紙, 書評誌としては,『図書新聞』（図書新聞社　1949年〜　週刊）,『週刊読書人』（読書人　前誌である『全國出版新聞』,『讀書タイムズ』を経て1958年〜　週刊）,『政府刊行物新聞』（全国官報販売協同組合　1964年〜）"*T・L・S, The Times literary supplement*"（前誌である"*The Times literary supplement*"を経て, 1969年〜　略称TLS）,"*New York Times book review*"（1896年〜）などがある。

　最近では, 書評を公開しているWebもたくさんあり, 例えばAmazon.co.jp,

書評 wiki，前述した主要新聞の Web には多くの書評を検索できるようになっている。

　これらに対して，一般的な出版，流通ルートに乗らないために，その存在があまり知られていない学術資料については，学術雑誌に掲載される書評によって，知ることができる。河井弘志は，各分野別に図書および専門書を選択する際のツールとして，継続的に書評を掲載している国内雑誌100誌の一覧を作成しており，役に立つ[1]。

　ある資料に対して，書評が存在するかどうかを調べたいときには，書評索引が便利である。書評索引には次のようなものがある。

- 『書評年報』　書評年報刊行会　1970年～　年刊
　　市販の一般的な新聞，雑誌の書評を分類順で収録し，さらに書評された図書の書名と著者名の索引が付いている。1970年は人文・社会編として刊行されたが，1971年からは人文・社会・自然編と文学・芸術・児童編とに分冊された。次に外国の書評索引としては，次のものが著名である。
- "*Book review digest*"．H. W. Wilson，1905年～　月刊
　　英米の一般雑誌や書評紙に掲載された書評記事を，書評された図書の著者名順で排列している。書評の要旨が付与されているのが特徴で，一年分での累積がある。略称 BRD。

　その他，"*Book review index*"，（Gale Research，1965年～　旬刊）や，主題分野での書評索引なども数多く出されている。

　以上のような書評は資料選択のための重要なツールではあるが，書評を活用するには，次のような書評の特性を把握しておく必要がある[2]。

- 収録範囲：全出版物の一部を書評しているにすぎない。
- 時間的な遅れ（タイムラグ）：学術的な書評は時間がかかることが多く，刊行と書評メディアに掲載されるまでには，1年以上かかることがある。
- 関連図書との比較：書評が図書館員を対象にしたものではないので，同一分

---

1) 河井弘志編：蔵書構成と図書選択　新版　日本図書館協会　1992　p.275～279．
2) 河井弘志編：同上書　p.217～218．

野，関連分野の図書との比較検討，同一著者のほかの著作との比較検討をしている場合が少ない。
- 書評者：書評には匿名のものがあるが，書評紙(誌)が高く評価されているか，商業主義的でないか，信頼できるかなど，注意をする必要がある。

　5）**全国書誌，販売書誌**　速報性は低いが，資料選択に有用な代表的なものをいくつか挙げる。
- 『日本件名図書目録』日外アソシエーツ

　　既に紹介した国立国会図書館の『日本全国書誌』のデータである JAPAN MARC は累積されて，CD-ROM 版として利用できるが，このデータを中心に編纂された冊子体の書誌が同書である。主題を表わす件名の下に各書誌情報が列挙されているので，主題からの検索に便利である。1956〜69年 10分冊，1970〜76年 13分冊，1977〜84年 30分冊の各セットがあり，1985年以降は年刊である。なお，姉妹編として『日本著者名総目録』がある。
- 『ブックページ＝Book page 本の年鑑』　ブックページ刊行会（2000年からは日外アソシエーツ）1988〜　年刊

　　トーハン，日販，紀伊國屋書店，日外アソシエーツの4社で共同製作しているデータベース「Book」（オンライン新刊図書内容情報）のデータを使用して編集している。前年に国内で出版販売された新刊書を収録対象としているが，書誌情報だけに限定されず，要旨や目次情報が記載されているところが大きな特徴である。これは「Book」データベースが，1986年以降に国内で発行された図書約96万冊の目次，帯，カバーなどに書かれた内容情報を収録しているからである。なお，「Book」データベース検索は，国立情報学研究所のホームページの Webcat Plus，あるいは東京大学附属図書館のホームページのブックコンテンツ（蔵書目次検索）からも自由に検索することができる。
- 『出版年鑑＋日本書籍総目録 CD-ROM』日本書籍出版協会，出版年鑑編集部 2002年〜　年刊　なお，2005年版より『日本書籍総目録』は廃刊となり『出版年鑑』単独での刊行となった。

　　従来，『出版年鑑』（出版ニュース社　1951〜　年刊）と『日本書籍総目録』

（日本書籍出版協会　1977～2001年　年刊）とは独立して刊行されていたが，2002年からは，後者のみ CD-ROM 版となり，セット販売になった。『出版年鑑』は，2004年現在，従来どおり冊子体で刊行され，第1巻 資料・名簿編（出版界および関連機関の動向，法規・規約，統計・資料，出版社・図書館などの名簿），第2巻 目録・索引編（書籍目録，雑誌目録，電子書籍目録，CD-ROM 出版物・オンデマンド出版物目録，索引）の2分冊になっている。データは『出版ニュース』の新刊書籍データを中心にして，前年に市販された書籍を網羅的に収録している。一方の『日本書籍総目録』は，雑誌，官公庁出版物，検定教科書，非売品などを除き，前年12月31日までに国内で出版され，かつ，翌年5月現在入手可能と思われる図書を掲載しており，最近では，日本書籍出版協会に加盟していない出版社の刊行物もかなり掲載されているので，わが国の全国的販売書誌とされている。

- 『選定図書総目録』日本図書館協会　1950年～　年刊

    『選定図書速報』の年刊累積版であり，日本図書館協会が前年に選定した図書を収載した目録である。

- 『学校図書館基本図書目録』全国学校図書館協議会　1952年～　年刊

    『学校図書館速報版』（1954年～）の年刊累積版であり，学校図書館の蔵書構成の基本となる図書を示したものである。

次に外国の販売書誌としては次のものがある。

- "*The Publishers' trade list annual*". Bowker, 1874年～　年刊

    （NACSIS Webcat による，ISSN 00797855。2004年2月4日現在）
    米国の各出版社の目録を集めて編纂した在庫目録である。略称 PTLA。

- "*Books in print*" Bowker, 1948年～　年刊

    1948～1972年は副書名として "*an author-title-series index to the publishers' trade list annual*" が付いた。その時点で入手可能なリストである。略称 BIP。1987年からは CD-ROM 版も発売されている。

- "*Whitaker's books in print : the reference catalogue of current literature*". Whitaker, 1988年～　年刊

BIPの英国版。1874〜1961年は"The Reference catalogue of current literature"であり，改題され1965〜87年は"British books in print : the reference catalogue of current literature"であった。

その他，図書館に備えるレファレンスブックを選択するためのツールとして，『日本の参考図書第4版』（日本図書館協会　2002年）や『情報と文献の探索』第3版（長澤雅男著　丸善　1994年），『情報源としてのレファレンス・ブック』新版（長澤雅男・石黒祐子著　日本図書館協会　2004）がある。特に後者は，本節で紹介している書誌が詳しく解説されているので，参考にしてほしい。また，新しいレファレンスブックに関する情報源としては，『日本の参考図書』四季版（日本図書館協会　1966年〜），『年刊参考図書解説目録』（日外アソシエーツ　1990年〜）が有用である。

b．雑誌に関する情報源

雑誌に関する情報源としては，次のようなものがある。

- 『雑誌新聞総かたろぐ』メディア・リサーチ・センター　1979年版〜　年刊
    国内で刊行されているすべての雑誌，新聞について，書誌情報，発行部数などのほかに，内容の特色など，多様な項目について記載されている。1995年からは，『雑誌新聞総かたろぐ＝Japan's serials directory : periodicals in print』としてCD-ROM版も刊行されている。
- 学術雑誌については，『学術雑誌総合目録：和文編』2000年版8分冊（丸善）と，『学術雑誌総合目録＝Union Catalog of Serials in European Languages 欧文編』1998年版7分冊（丸善）と，そのCD-ROM版（丸善）が刊行されている。現在では，全国の多くの大学図書館を対象とした総合目録である国立情報学研究所のNACSIS Webcatで，他の図書館での利用可能性を調べることもでき，資料選択にとって重要なツールである。
- 総合目録ではないが，単館の所蔵目録であっても，大規模な図書館のものは網羅性が高く，有用である。その筆頭は国立国会図書館であり，『国立国会図書館所蔵国内逐次刊行物目録』収録対象は平成11年6月現在まで，『国立国会

図書館所蔵外国逐次刊行物目録』1999年6月まで追録としてそれぞれ刊行したが，現在は『国立国会図書館所蔵逐次刊行物目録：NDL CD-ROM Line』(2000年～) としてCD-ROM版が刊行されている。

海外の雑誌についての情報源としては，次のものが有名である。

- "*Ulrich's international periodicals directory*"．Bowker，1932年～　隔年刊

    主題ごとに各国の雑誌を列挙した世界の雑誌ディレクトリーである。現在では，有料契約によってWebからもアクセスできる。また，追加契約によって"*Ulrich's SAS*（*Serials Analysis Systems*）"というパッケージもある。これは，自館で所蔵している全雑誌のISSNをBowker社のサーバに登録することで，比較対象をUlrich'sの掲載全雑誌とコアジャーナルとに選択することができ，約150の分野ごとに所蔵比率が算出され，コレクション評価を行うものである。雑誌の資料構築のための参考になるツールである。

c. 視聴覚資料に関する情報源

視聴覚資料に関する情報源としては次のものがある。

- 『視聴覚教育』日本視聴覚教育協会　1947年～　月刊

    映像教材の紹介がある。

- 『DVD&ビデオソフト総カタログ』　音楽出版社　1993年版～　年刊

    映画，アニメーションから音楽ビデオまで，現在流通しているすべてのDVD，ビデオソフト約63,000タイトルを収録している。

    また，丸善の『VIDEO SOFT CATALOG』では，人文・社会・福祉・心理・理工・芸術編と看護・介護・福祉・医療・保健・体育編とに分冊されているが，どちらもVHS，DVD，CD-ROM，スライドを対象に，原則として学校図書館使用（館内個人視聴，学生・教職員への館外貸出），および学校における授業使用での著作権処理がされている。また，公共図書館での貸出の可否や上映の可否，視聴覚ライブラリーでの貸出の可否や上映の可否が個別に記載されているので便利である。併せて英国放送協会により制作されたビデオ，カナダ国立映画制作庁により供給されたビデオ，放送大学ビデオ教材も収録してある。

その他，放送大学，英国のオープン・ユニバーシティ，米国 Telecources など国内外の教育機関などの制作によるさまざまなビデオ，CD-ROM などを扱っているジエムコ出版などのホームページも重要な情報源である。ここでも，「館外貸出可」という記載のあるタイトルは，図書館で購入した場合，館外への貸出が可能な商品であるということが判明できる。

オーディオ，ビジュアルについての CD，カセットテープ，DVD，VHS に関しては，トーハン（取次）の『新譜オールリスト』が発売日順に掲載されており，便利である。

d. CD-ROM に関する情報源

CD-ROM によって刊行される出版物も増えてきている。図書館の主要なレファレンスブック，統計資料，新聞，法令・判例集は，冊子体から CD-ROM やオンライン・データベースに移行しており，CD-ROM の出版情報は重要である。どのような CD-ROM が出版されているかを調べるには，次のような情報源がある。

- 『世界CD-ROM総覧』ペンローグ編　日外アソシエーツ　紀伊國屋書店　1988年～2001年　ほぼ年刊

  国内，海外の CD-ROM を，一般，ビジネス，科学技術，人文社会などに分けて，幅広く収録している。創刊された1988年は，収録タイトル数は 209 で，このうち国内の CD-ROM は 55 タイトルであった。その後，収録タイトル数は，1991年には 1,038 タイトルに，1995年には 5,911 タイトルに，1998年には 11,607 タイトルに，そして2000年には過去最高の 14,725 タイトルまで増加したが，2001年にはわずかに減少して 13,989 タイトルになった。ただし，貴重なツールであったが，2001年を最後に刊行されていない。

この他，大手書店のホームページには CD-ROM 製品を分野別，あるいは販売会社別に情報提供している。海外の代表的な CD-ROM には，次のような種類がある。

- Dialog OnDisc（The Dialog Corporation が提供する人文，社会，自然科学な

- Info Trac （Gale Group が提供する人文，社会科学分野を中心としたレファレンス資料を対象）
- Ovid （Ovid Technologies が提供する医学，薬学，理工学を中心とした分野を対象）
- SilverPlatter （SilverPlatter Information が提供する医学，薬学，理工学を中心とした分野を対象）

なお，上記の Ovid と SilverPlatter は，共通の検索ソフトである WebSPIRS を利用する。

e．古書に関する情報源

　入手が困難な資料として，すでに絶版，品切れになった図書がある。さらに，この他に古典籍をも含めて「古書」と呼ぶ。古書の入手には古書店を利用する。古書店の販売方法としては，店頭販売や展示即売会，通信販売などがあるが，古書についての解説や古書の販売目録などを収録している『日本古書通信』（日本古書通信社　1934年〜　途中1941年〜1944年は『読書と文献』に改題　月刊）が有名である。なお，古書目録で希望する古書を発見したとしても，時間的な遅れ（タイムラグ）の関係もあり，すぐに発注しないと他に購入されてしまう可能性が多い。

　最近では，インターネットによる通信販売が活気を呈している。考えられる理由は，利用者側と古書店側との双方にメリットがあると思われる。利用者側からのメリットとして，時間をかけて古書店をめぐることが不要になり時間が節約できること，目的の資料が複数の古書店で販売していれば，値段の比較が容易にできることである。一方，古書店側は，若い後継者はパソコンに抵抗がないので取り組みやすい状況にあること，通信販売に載せるための在庫整理が進むことである。例えば，東京都古書籍商業組合の「日本の古本屋」の Web が有名である。

　また，国立国会図書館の電子図書館では，所蔵している著作権保護期間の満

了を確認した明治期刊行図書を収録した画像データベースを Web で公開している。ネットワーク環境に接続することができるパソコンがあれば，いつでも居ながらにして，これらの膨大な資料，約12万7千冊（平成18年4月現在）を閲覧できることは画期的である。

　海外の事例では，米国の *University of California Press eScholarship Editions* は，約2,000冊の図書を電子化し，そのうち選ばれた図書を Web で一般公開している。

f．政府刊行物・地方出版物に関する情報源

　政府刊行物を知るための情報源としては，『政府刊行物月報』（政府刊行物普及協議会編　前誌である『政府刊行物目録』を経て，1961年〜　月刊），『政府刊行物等総合目録』（全国官報販売共同組合　1979年〜　年刊），『政府資料アブストラクト＝*Monthly government abstracts*』（政府資料等普及調査会　前誌である『政府資料等目録』を経て1983年〜　月刊）がある。

　地方出版物については，大手取次会社が扱わない小出版の出版物を流通させる拠点として，1976年に東京に地方・小出版流通センターが設立されている。同センターでは，登録加盟した出版社の刊行物の新刊案内を収録している『アクセス』（1976年〜　月刊），およびこれを累積して『あなたはこの本を知っていますか：地方・小出版流通センター書肆アクセス取り扱い図書目録』（年刊）を出版している。

3. 資料収集のプロセス

(1) 資料入手の方法

　資料入手の方法としては，一般に，1）購入，2）寄贈，3）交換，4）寄託，5）会員加入，6）納本制度，による入手などがある。以下，順に説明する。

　1) 購　入　商業出版物は，図書館が収集する資料のかなりの部分を占めるが，これらは書店や取次会社を通じて購入することが多い。直接販売の図書の場合には，発行元から直接購入することもある。また，大手の取次会社が扱わないような地方出版物は，地方・小出版流通センターなどから購入する必要がある。

　書店からの購入の方法としては，普通に書誌事項を指定して発注する方法と，見計らいによる方法とがある。後者は，書店によって図書館に持ち込まれた資料の現物から購入するものを選択する方法である。いずれにせよ，良い書店を選び，図書館との信頼関係を築くことが重要である。例えば，納期をきちんと守り，事務処理も確実で迅速な業者，図書館にとって有用な資料を見計らいとして持ち込む業者などは，図書館の業務の効率化をもたらすであろう。

　また，大学図書館では現在，電子ジャーナルをはじめ，各種ディジタル情報を積極的に収集しているが，出版社などのサービスとして，特定のディジタル資料をある一定期間に限定して無料で試用できることがある。そのような試用期間を経て購入を決定するトライアル購入が実施されている。

　2) 寄　贈　寄贈に関しては，図書館から寄贈を依頼する場合と，図書館からの働きかけなしに向こうから送られてくる場合とがある。さらに後者に関しては，次のように分けられる[1]。

　①　官公庁や各種の団体，企業等が，国民や市民，関係者への周知のために配

---

　1)　河井弘志ほか編：蔵書構成と図書選択　日本図書館協会　1983　p.171〜172.

布する場合
② 著者の好意，または著者が自己の説や主張を広めるために贈る場合
③ 発行所などが宣伝のために送付する場合
④ 個人や他の機関のコレクション処分による場合

　このようなかたちで寄贈されたときには，図書館の資料収集方針にもとづいて，受け入れるべきかどうかを判断する。特に，④の個人や他の機関のコレクションを受け入れる場合には，その条件に関して問題が生じることがあるし，また，修復や製本，資料整理が必要になることもある。

　一方，図書館から寄贈の依頼を行う場合としては，非売品の政府刊行物や学術資料を入手したいときなどが挙げられる。一般に，寄贈でなければ入手できないような資料は部数も少なく，その存在を把握することもむずかしい。しかし，中には資料として貴重なものもあるので，担当者は各種の情報源に気を配るとともに，迅速な処理が必要となる。

　3）交　換　　交換は，基本的には商業的に流通しない非売品の資料などを入手するための方法であり，寄贈とよく似ている。このため実際には，それらの間を明確に区分けすることはむずかしく，業務上は区別されないことも多い。例えば，交換の典型例は大学間の「紀要」の交換であるが，この場合，これをお互いどうしの寄贈ととらえるか，交換ととらえるかは，実際上は困難である。ただし，概念的には，一方向のみの現物の移動が寄贈で，両方向の現物の移動が交換であると整理することができる。

　また，自館が重複して所蔵している資料を効率的に処分するため，それを他の図書館の同様な資料と交換する場合がある。この際には，仲介機関が間に入って交換を促進することもある。例えば，わが国では，日本医学図書館協会が加盟館の重複雑誌の交換を仲介する役割を果たしている。

　さらに，資料の国際交換の場合，国の間の文化交流という意味合いが加わることもある。わが国において，国際交換を最も活発に行っている図書館として，国立国会図書館を挙げることができる。国立国会図書館では，官庁出版物の国際交換を，① 包括交換，② 特定交換，③ 選択交換，の三つに大きく分けてい

る[1]。包括交換は，わが国と相手国とが締結した政府間取り決め，または国立国会図書館と相手機関との取り決めにもとづいて，官庁出版物の主要なものを中心に包括的に交換し合うもので，特定交換の場合は，交換するものがより限定される。選択交換は，海外の図書館・大学・研究機関などと，特定資料に関して個別的に交渉して選択的に交換する場合を指す。

4）寄託 なんらかの団体・機関・組織などが，資料の利用を容易にするために，それらを別の図書館に預けることを寄託という。寄贈と類似しているが，寄託の場合には，通常，所有権は移転しない。米国における官公庁出版物の寄託図書館制度（官公庁出版物を州立図書館などに寄託する制度）が有名である。

5）会員加入 会員制の学会や協会で発行される機関誌や論文誌，あるいは年報類は，一般に市販されず，会員のみの頒布に限定されることがある。この場合には，図書館が会員として加入し，年会費を納入することによって，それらの出版物を入手する。多くの学協会（学会や協会など）では，個人会員のほかに，機関会員や賛助会員を設定しており，会費や頒布する出版物に差を設けている。例えば，日本図書館協会の会員には，個人会員，施設会員，賛助会員がある。

6）納本制度 わが国においては，なんらかの出版を行った場合，その1部を国立国会図書館に納入することが国立国会図書館法により規定されている。このような納本制度によって，その国の出版物が中央図書館に網羅的に収集され，より完全な書誌調整が可能になる。このような納本制度を通じて編纂されたその国の網羅的な書誌が全国書誌である。

国立国会図書館以外でも，納本制度に類似した仕組みを導入して，網羅的な資料収集をはかることは可能である。例えば，県立図書館が地方自治体との間で行政資料の納入を取り決めたり，大学でその教職員が出版を行ったときにはその1部を図書館に寄贈することを決めれば，効率的に漏れのない収集が可能

1）　国立国会図書館のホームページを参照。(http://www.ndl.go.jp/jp/aboutus/cooperation_exchange.html). 2004年1月18日現在。

になる。

（2） 資料収集の実際

　実際の収集業務の基本的な流れは3-8図のようになる（3-4図も参照）。もちろん，館種や親機関の性格，規模などによって，この業務プロセスは異なってくるが，一つの基本として，図に沿って説明することにする。

　1） 書誌情報の確認・重複調査・入手先の調査　収集すべきものとして選定された資料について，その書誌情報を確認する。これが収集業務のスタートである。この書誌情報を確定することは，MARC（Machine Readable Catalog；機械可読目録）を確定することでもある。和書については，国立国会図書館が作成しているJAPAN MARCの他，図書館流通センターのTRC MARCなどが作成，頒布されており，多くの図書館で利用されている。国内の大学図書館の多くと県立図書館など約1,100機関が参加した分担共同目録作業による総合目録作成の形成を進めているNACSIS-CATは，国立情報学研究所が，その前身である学術情報センター時代の1984年に開始した事業である。現在この総合目録データベースには，図書については約820万件の書誌レコードと約8,500万件の所蔵レコード，雑誌については約29万件の書誌レコードと約420万件の所蔵レコードが収められており，大規模な書誌ユーティリティ（bibliographic utility）に成長している。書誌ユーティリティとは，図書館を主な利用者とし，オンライン分担目録システムのセンターになっている機関のことである。

　そして，NACSIS CATで構築されたデータを利用したNACSIS ILLによって相互貸借が実現されている。なお，NACSIS CATでは，総合目録データベースへの書誌登録を支援するために各種MARCを参照できるように提供している。例えば，現在，JAPAN MARC，TRC MARCをはじめ，外国のMARCとして，米国のUS MARC，英国のUK MARCなどが利用可能であり，総合目録データベースに該当する書誌情報がない場合には，これらの参照MARCから書誌情報を抽出できるシステムになっている。その他，外国の書誌ユーティリティとしては，米国のOCLC（Online Computer Library Center）が著名である。

3. 資料収集のプロセス

```
┌──────────────────┐
│  収集する資料の選定  │
└──────────────────┘
          ↓
┌──────────────────┐
│  書誌情報の確認     │
│    重複調査        │
│   入手先の調査     │
└──────────────────┘
          ↓
┌──────────────────┐
│       発注         │
└──────────────────┘
          ↓
┌──────────────────┐
│  納品・検収・登録   │
└──────────────────┘
          ↓
┌──────────────────┐
│ 支払いおよび後処理  │
└──────────────────┘
```

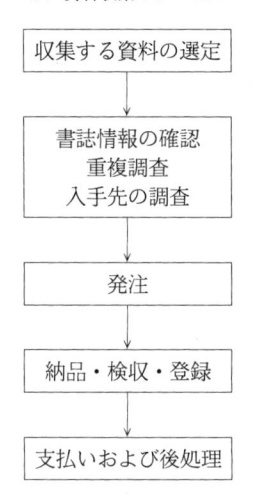

3-8図　資料収集業務の基本的プロセス

　このようにして調達されたMARCは，各図書館のシステムで採用されているMARCフォーマットに変換されてダウンロードされ，その後，当該図書館で利用されていく。この際，最初にできる限り正確な書誌情報を調達し，入力することが重要である。これによって，その後の作業である重複調査，発注，納品後の目録作成時において，大幅な効率化がもたらされる。なお，最初の段階で書誌情報をMARCとして調達できなかった場合には，その時点で判明している最大限の情報を収集業務担当者がオリジナルレコード入力をして，その後の重複調査，発注に利用する。納品後の目録作成時に，再び書誌ユーティリティを検索し，もしこの段階でMARCが新たにヒットすれば，そのデータをオリジナルレコードと置換することにより，その後の目録作業の軽減化が可能になる。また，MARCがヒットしなければ，目録作業時に現物を参照することによって，最初に作成したオリジナルレコードを修正することになる。

　書誌情報が確定した後，自館の所蔵，および発注中情報を検索して，重複しているかどうかを調べる必要がある。重複していても購入すべきかどうかは，当該図書館の資料収集方針による。なお，遡及入力が完了していない場合には，

コンピュータの検索システムだけでは，重複調査が不十分に終わってしまうこともある。このようなときには，目録カードや冊子体目録などの検索も必要である。また検索においては，語句などの入力ミスを防ぐためにも，多角的な検索を実行すべきである。

　さらに，入手先や価格を調査することが必要な場合もある。日常的に発注しているような種類の資料ならば，普段，依頼しているところに発注すればよいが，それ以外の特殊な資料の場合には，入手先・入手方法を検討しなければならない。

　2）発注　発注作業には，① 支出財源の決定・確保，② 業者の選択，③ 発注書類の作成と送付，のような作業が含まれる。さらに，これらの発注記録を適切に保管・管理することも重要な業務である。

　また発注には，都度発注と継続発注とがある。都度発注とは，図書の発注のように，購入の決定ごとにその都度，発注することであり，通常，発注件数の多くを占めている。継続発注（standing order）とは，多巻物やシリーズを継続的に購入する場合に，入手先の書店などと予め契約しておき，終刊，あるいはキャンセルがない限りは，自動的に発注・納品されるシステムである。継続発注を拡大したものに，ブランケットオーダー（blanket order）がある。これは，入手先の書店などとの間で，事前に主題や出版社などの範囲を決めておき，その範囲に該当するすべての図書を自動的に納入させる方法であり，返本の権利は認められない。ブランケットオーダーの方法は，図書館の資料選択業務の省力化，効率化につながっているが，見計らい方式と同様，業者側の情報収集能力と選択能力に依存する部分が大きいので，あくまでも補助的な手段として活用すべきであろうし，継続的な評価が重要である。

　3）納品・検収・登録　発注した資料が届いたならば，その状態（落丁や乱丁・汚れなど）や，納品書・請求書などの書類の点検を行う。もちろん，発注した資料と現物とが一致しているかの確認も重要な作業である。

　以上の確認作業（検収）が終了したら，登録作業を行う。これには，登録番号の決定・貼付，原簿への登載などが含まれる。これらの作業が完了した資料

は，続いて，分類・目録作業や装備作業へと送られる。

4) 支払いおよび後処理　最後に，購入業者への支払いをするための手続きをする。また，発注ファイルから当該記録を削除するなど，受入が完了したことを記録として残す。さらに，以上のさまざまな記録を集計して業務統計を作成できるように，記録の管理を行うことも必要である。

5) その他　長い間，未納になっている資料がある場合，業者に督促したり，あるいは注文を取り消さなければならないことがある。また，見計らいやブランケットオーダーなどの特別な処理は上で説明した手順とは異なる点がある。寄贈あるいは交換の場合にも，礼状の発送，交換する資料の発送などの特別な作業が含まれてくる。

さらに，購入希望のリクエストの場合には要求者への連絡が必要であり，また，不要な資料や欠陥資料が送られてきた場合にはその返品や交渉なども行わなければならない。

4．資料の蓄積・保管のプロセス

(1) 装　　備

資料は，整理された後，指定の書架に排架されるまでの間に，装備という作業工程を経る。装備をすることによって，利用者が資料を利用しやすくなり，図書館員にとってはその管理が容易になる。資料の装備には，いくつかの種類の作業が含まれるが，以下でそれを説明する。

1) ディテクション・テープの装着　現在では，資料の盗難防止のためにブックディテクション・システムをその出口に設置していることが多い。この装置を稼動するには，資料1点ごとに，ディテクション・テープという磁気テープを装着しなければならない。このテープは，貸出し時に図書館員が消磁処理をすれば，ブックディテクション・システムを通過しても反応しないが，貸出し手続きをせずに持ち出そうとすれば，磁気が反応してブザーが鳴り，ゲート

が開かない仕掛けになっている。

　2）　**蔵書印の押印**　　資料の所有を明示する蔵書印を標題紙に押したり，あるいは小口印を小口に，隠し印を本文の特定の頁に押すことがある。現在では，バーコードラベルなどに機関名を明示できるので，蔵書印の押印は減少している。

　3）　**新着雑誌の受入印の押印**　　新着雑誌の場合には，受入業務が完了した段階で，表紙に受入印を押す。受入印には受入年月日とともに，機関名が表示される場合が多い。また，新着雑誌にも，資料を特定するバーコードラベルを貼ったり，前述したディテクション・テープを貼るなどして，散逸や盗難を抑止している。

　4）　**請求記号ラベルの装着**　　請求記号が記されたラベルを資料の背に貼る。ラベルは，整理担当が付与した請求記号に基づいて，タイプライターで作成したり，コンピュータシステムからラベルに自動出力するなどして準備する。

　5）　**識別マークの装着**　　ある特定資料には，識別マークをその背表紙に貼ることがある。例えば，レファレンス資料などには禁帯出シール，あるいはそれらの資料を排架している場所を示す参考資料室シールを貼る場合がある。また，閉架書庫を採用している図書館では開架資料に対する開架シール，大型本や個人文庫，貴重書，特殊コレクションなどに対する識別シールなどもある。これらの識別マークは，禁帯出などの注意を促す場合は赤系統が多く，その他の場合は，利用者にわかりやすいように，目的によって色分けして使うのが通常である。

　6）　**スリップの装着**　　資料の見返しなどに，返却期限日などの日付印を押印する返却期限スリップを貼る。

　7）　**帯紙やジャケットの除去**　　図書についている帯紙やジャケットは，公共図書館などではそのまま付けていることも多いが，大学図書館では通常，はずしてしまう。ただし，取りはずす場合でも，著者紹介などの，利用者にとって有用だと思われる部分のみを切り取り，見返しなどに貼ることがある。また，資料に挟まれた「近刊案内」のカタログ，愛読者カードなどは除去して廃棄す

る。

　8） **付録の装着**　　地図や図表，カセットテープ，フロッピーディスク，CD，DVD などの付録が付いている場合，本体資料と別々になってしまうと紛失するおそれがある。また，それらを本体資料と一緒に利用してもらう必要もある。メディアによっては，付録を別置する場合もあるが，いずれの場合も付録があることがわかりやすいように，本体表紙に付録の存在案内を表示するべきでもある。

　9） **その他**　　資料が傷んでいる場合などには，中性紙の箱や袋に入れて保存することもあるが，その場合も，取扱い注意を促す案内を表示したりする。

（2）補修・製本

a. 補　　修

　資料は，利用されることによって次第に傷んでくる。そのため補修が欠かせない。簡単な補修には次のようなものがある。

- 利用者による記載メモや落書きの消去。鉛筆での場合は消しゴムで消せるが，それ以外の場合はたいへんむずかしく，もし購入できるならば，新たに購入した方がよいだろう。
- 頁の切り取り，あるいは破損による消失があった場合，その被害程度にもよるが，その資料を所蔵している他の図書館に該当部分の頁の文献複写を依頼し，それが到着した段階で，当該部分に挿入し貼り合わせる。なお，この場合でも，破損量が多い場合は，もし購入できるならば，新規に購入した方がよいだろう。
- 頁が破れかかっている場合などには，当該部分が紛失する前に補修しておく。この場合，セロハンテープは，時間の経過とともにもろくなり，紙にその跡がしみとして残ってしまうので，使用してはならない。
- 資料に貼ってあるラベルがはがれたり，あるいは，はがれそうになったり，読みにくくなっている場合には，新たにラベルを作成して貼る。

　これらの補修箇所は，貸し出されていた資料が返却された際に，頁をめくっ

て中を確認することによって見つかることが多い。その他，後述するシェルフ・リーディングの際や蔵書点検の際に発見される可能性がある。

b. 製　本

　製本は，紙媒体の保存にとっては必須である。特に雑誌の場合には，1冊1冊がソフトカバーで作られているので，そのままの状態で保存すると，表紙や裏表紙などが破損したり，反(そ)ってしまうことがある。さらには，形態的に薄い場合が多いので，紛失しやすい。雑誌を1冊でも紛失してしまうと，それを後日，再購入することは非常に困難である（所蔵している他の図書館から借用して欠号分を複写したり，あるいは関係者から該当部分を寄贈してもらうなど，欠号部分を埋める努力をする必要が生じる）。

　これらの問題を解決するために，雑誌を巻号単位，あるいはある特定期間分でまとめ，ハードカバーの表紙をつけて綴じ合わせ，合冊形態とする。これが製本である。これには，利用者にとっては，望みの雑誌が探しやすくなるという長所もある。しかしその一方で，合冊したために物理的に厚くなり，重くなるので，書架から閲覧席，あるいはコピー機への移動が困難になるという短所もある。図書館にとっては，保存の観点以外にも，製本によって排架しやすくなり，書庫管理（後述）が容易になるという特長がある。雑誌以外にも，新聞の原紙の製本（縮刷版やマイクロフィルムなどの代替がない場合など）や，本体がソフトカバーで構成されている場合などでは，できるかぎり製本して保存に配慮すべきである。

　製本作業は通常，図書館内では行わず，製本の業者に発注する。そのため，製本されて戻ってくるまでに，1カ月から2カ月ほどの期間が必要になる。その際に，製本期間中，当該資料は閲覧できなくなることを考慮しなければならない。そのため製本の際には，常に利用者に迷惑をかけないような配慮が必要であり，何よりも，製本作業予定，作業中であることを，利用者に広報しておくことが必要である。

　なお，資料を新規の状態で製本する以外に，既に製本されている場合でも，

破損などの理由から，再度，製本し直す場合がある。これを再製本と呼ぶ。

　最近では，学術雑誌を中心に電子ジャーナルが急激な勢いで増加し，かつ創刊号にまで遡って電子化が進められてきているので，現物からの複写行為は減少の傾向にある。これによって，今後は複写による弊害で再製本を必要とする場合は次第に減っていくと予想される。このことは，資料保存の観点からは望ましい傾向である。なお，資料を開いた状態で上から複写できる機械も登場しているが，まだ普及には至っていない。

（3）排　　架

　排架（shelving）とは，資料を指定の場所（通常，書架上の特定の場所）に配置することである。書架の排架の原則は，一番上の棚から順に，左から右に並べることである。ある棚とその横の棚との間の継続性はない。したがって，一つの棚への排架が終われば，その下の棚への排架に移る。このように縦に連なる棚を総称して「連」（れん）と呼ぶ。

　通常の書架であれば，成人の身長を考慮して，1連は6段から7段くらいの規模になっている。連の一番下の棚まで排架が済んだ場合，次は右側の連の一番上にその続きが置かれることになる。連が並んだ書架を総称して「面」（めん）と呼ぶ。例えば，「書架1面は7連で，1連には6段の規模が20面」などという。また書架では，棚の手前の端に資料の背の位置を合わせ，一列に並ぶように排架することで，利用者が探しやすくなるし，また見栄えもよい。

　なお，分類記号順に排架していて，その分類の大きな項目が切り替わる場合（例えば，NDCの32法律から33経済へと変わる場合），それらを連続して並べずに，棚に余裕を残して，次の「連」などに移ることにより，空きスペースを確保しておく。資料がタイトル順になっている場合などでも，同様である（タイトルの頭文字「A」から「B」への切り替わりなど）。これは，将来の資料の増加への対応であり，この措置によって，利用者が書架上での特定資料の位置をつきとめやすくなるという長所もある（なお，その他の関連事項については，書庫管理の部分を参照してもらいたい）。

a．排架の機会

次のような場合に，実際に排架が行われる。

- 新着図書が整理され装備が終わった場合。新着図書展示にまわる場合はその展示期間終了後となる。
- 返本台やブックトラックを設置してある図書館において，利用者が閲覧の終わった資料をそれらに戻した場合。
- 利用者が貸出していた資料を返却した場合。カウンターに戻す場合と，閉館時におけるブックポストに戻す場合とがある。
- 他図書館に相互貸借で貸出をしていた資料が返却された場合。
- 他図書館から依頼された文献複写の作業に利用した資料を戻す場合。
- 業務で利用した，あるいは補修した資料を戻す場合。

b．書架の種類

排架先としての書架の種類には，次のようなものがある。

1）**開架式書架と閉架式書架**　利用者が直接に資料に接することが可能な開架式書架と，利用者が直接に資料に接することができないため，図書館員に出納してもらう必要のある閉架式書架とがある。開架式書庫では一般に資料排列の乱れが激しく，書庫管理に要する労力が大きい。一方，閉架式書庫は資料排列の乱れは少ないが，利用者からすればブラウジングして，直接資料を手にすることができないという大きな制約がある。

　大きな図書館で導入されることのある自動出納システムも，閉架式書庫の範疇に含まれる。このシステムでは，資料排列がランダムになるので，排架における分類という概念はなくなる。利用者の不便さは前述したとおりであるが，図書館員からすれば，正確な排架という業務，および出納作業が不要になり，そのうえ最大限の資料収納が達成できるという特長がある。しかし，設備投資が高いこと，継続的な保守が必要となるという問題もある。導入に際しては，利用者からは直接見えないブラックボックスとなるため，どのような種類の資料をこのシステムの対象とするかを，図書館の事情に合わせて，よく検討する

必要がある。

2） 固定式書架と集密書架　書架が固定されている固定式書架と，書架を移動できる集密書架とがある。集密書架は手動と電動とがあり，図書館にとっては収容能力の増強になって効率的ではあるが，利用者にとっては，他の利用者が先にいる場合，自分が必要とする書架を移動させて利用可能にすることができないという不便さがある。また，ブラウジングするためにより多くの時間を要すること，簡単な操作方法を覚える必要があること，などの制約もある。

3） 資料の種類ごとの書架　例えば，図書(和書，洋書)，雑誌(和雑誌，洋雑誌)，レファレンス資料，統計・年鑑資料，紀要，有価証券報告書，法令・判例集，新聞，視聴覚資料，マイクロフィルム資料，文庫本，大型本，地図，郷土資料，貴重書などの種別に基づいて，書架が分けられることがある。

c．排架の方式

資料を排架する際は，一定の排列基準に従って並べる。その代表的な方式には次のものがある。

1） 請求記号順　請求記号は，一般に，複数の記号から構成される。この請求記号は，三段または四段組みのシールに記載されて，資料の背表紙に貼られる。例えば，一番上の段に別置記号（これによってその資料の識別が可能となる），二番目の段に「日本十進分類法」などによる分類記号，三番目の段に著者記号（あるいは受入番号），四番目の段に複本記号，を記す。もし一番上の段の別置記号が必要なければ，分類記号以下，順番に上段から詰めてしまえばよく，三段式が一般的である（さらに，すべての段を使わない図書館もある）。また，将来の書架移動の作業を容易にするために請求記号の下段に，出版年を表示する場合もある。

2） タイトル順　雑誌などはタイトル順に並べることが多い。和雑誌は，タイトルのヨミで五十音排列したり，アルファベットで排列したりする。洋雑誌は，冒頭の冠詞である"A，An，The"などを除いて排列する。なお，いずれの場合も，同一雑誌の中は，巻号順，あるいは出版年順に並べる。

3） **発行機関名順**　大学紀要などはその発行機関で並べることが多い。この場合では，大学紀要を発行している大学名順とし，同一発行機関内は，タイトル順などで排列する。

4） **作家名順**　小説は作家名順に並べることも多い。この場合には，作家名の五十音排列となる。書店でも採用されている場合がある。

5） **シリーズ番号順**　文庫や新書などを並べる際に，そのシリーズ中の番号順に並べることもある。

これらいずれの排架方式であっても，その排列が利用者にわかるように案内表示を書架に掲示する必要がある。

（4）保　　存

図書館は，将来の利用者にまで資料提供を保証する責務がある。そのためには，保存への配慮が重要である。これについては，紙媒体とディジタル媒体とに分けて考えなければならない。

紙媒体については，利用と保存とが矛盾する性質をもっている。資料は利用されればされるほど傷んでしまう。理想は，資料を常に，利用のためのものと保存のためのものとの2部用意しておくことであろう。しかし，一部の利用頻度が多い資料にはこれを適用できる可能性はあっても，費用面，排架場所の面からは現実的な解決とはいえない。

保存について，公共図書館では，郷土資料や地元出身の著名人からの寄贈による特殊資料などを除いては，一般的に，設置母体組織による階層的な役割分担ができている。町村立図書館は，市立図書館に保存機能を期待し，市区立図書館は県立図書館に保存機能を期待し，さらに県立図書館は国立国会図書館に保存機能を期待するという構図である。すなわち国内発行出版物においては，納本制度を採用している国立国会図書館が，最終的に保存という使命を負っていることになる。

一方，大学図書館では，公共図書館とは事情が異なり，国内発行出版物のほかに海外発行出版物も多く所蔵していること，研究のためにはすぐには利用し

ないが，いつか利用することがあるので保存しておく必要が高いことなどから，保存に対してはかなり関心が高い。その規模によって保存の考え方は異なるが，例えば，大規模な図書館の場合などは中央館のほかに分館などが複数設置されていることがあり，この場合，分館レベルでの保存は限定され，多くは中央館がその任務を請け負う。また保存書庫施設も中央館内にある場合，キャンパス内の別の建物内にある場合，さらにはキャンパス外に建設，あるいは賃借する場合などがある。また，単独の大学図書館だけでは，予算や保存場所が制約されることから，近隣の複数の大学図書館と提携して，資料の分担保存を実践している場合もある。

a．紙媒体の保存対策

　紙媒体の保存を考慮する上で最も重要な要因は，その環境である。通常，資料は書庫に保存されるが，その環境として，次のような点に注意しなければならない。

　1）　**温度・湿度**　　温度は20度，湿度は50％前後に設定し，24時間稼動するエアコンを必要とする。湿度が高いと，紙には天敵となるカビ，害虫の発生を促進し，逆に湿度が低く乾燥していると糊がはがれたり，色が落ちたり，革も乾燥して割れやすくなってしまう。

　2）　**空気**　　書庫に窓は不要で，外気を入れない。エアコンなどで空気環境を維持していても，窓が開いていれば，その効果が半減する。また窓を開けていることによって，虫やほこり，花粉，大気中の汚染物質などいろいろなものが侵入し，資料の酸性化の促進，紙の変色，革の腐蝕などを引き起こす原因となる。そのため，空気清浄機を設置して，埃や汚染物質を除去し，きれいな空気を館内に巡回させる必要がある。

　3）　**光**　　直射日光が当たらないようにする。特に紫外線は紙にとって有害である。また書庫の蛍光灯は紫外線を発するものは使わないことが望ましい。

　さらに資料保存の予防策として次のようなものがある。

　1）　**書架**　　書架に資料を過度に詰め込まないようにすることは重要であ

る。過度に詰め込むと，資料を取り出す際や戻す際に，表紙や裏表紙が破損する大きな原因になる。

　2）**和綴じ資料**　和綴じ資料の綴じ糸は，きつく縛らない。できる限りゆるく締めることで，一枚一枚の間に空気をはいりやすくすることがよいとされている。

　3）**災害**　火災には防火・消火設備が必須であるが，万一の場合にも延焼を防ぐような建物の設計も必要である。火災が発生すれば，資料は燃えて焼失してしまうという最悪の事態になってしまうが，これを防ぐために，消火する際の注水もまた，資料にとっては大きなダメージを与えてしまう。貴重書などの書庫は，大切な資料のためにも窒息消火を行うハロゲン消火設備が備わっていることが必要である。

　水害は，大雨のため外部から水が浸入して，床上浸水する場合や，配管のつまりなどによって天井から雨漏りがある場合などに発生する。水害は資料を水浸しにしてしまい，しかもその被害量は大量になる可能性があるので，資料を復帰させるのは，かなりの困難と時間を要することになる。また初期症状の雨漏りが発見された場合，近くの資料を一時的に別の場所に退避させ，該当一帯には書架全体をビニールシートで覆う対策をするべきである。また，床にはバケツを置いて，雨漏りを受ける。同時に，最悪な事態を避けるためにも，施設担当に調査してもらい，補修することが必要である。

　地震では，書架の転倒以外にも，排架されていた資料だけが落下する場合もある。資料は書架から落下することによって破損する可能性が高い。そのため，書架には転倒しにくいように耐震対応を施す必要がある。震動を感知すると，書架から資料の落下を防ぐために棚の前面にバーが出るツールも市販化されている。

　4）**酸性紙資料**　酸性紙資料は，本格的に対策を講じるのであれば脱酸処理をした方がよい。しかしながら，各図書館で脱酸処理をしてまで保存をしなければならないかは疑問である。やはり，国内発行出版物は国立国会図書館が保存する機能を有しているので，そこに委託すべき事柄であろう。むしろ，各

図書館では，資料に記述されている内容をマイクロフィルムなどの他の媒体に変換する方式が現実的である。さらには，劣化速度を幾ばくか遅くするという機能しか有しないが，酸性紙資料を丸ごと中性紙でできた箱や袋に入れて，書架に排架する方法もある。この場合，その箱や袋には，利用者への注意を喚起するメッセージが必要である。

酸性紙とは，製紙過程でインクににじみ止めとしてロジンサイズと硫酸アルミニウムを用いた紙のことである。19世紀後半以降に製造された紙の大部分が酸性紙であったが，近年はロジンサイズの代わりに中性サイズ剤を用いて製造される中性紙が普及するようになり，これは資料保存に適している。

b．資料の取り扱い方

前述したように，資料を保存する環境，予防対策の整備がなされたとしても，図書館員をはじめ，利用者一人ひとりが，資料を取り扱う上で，次のような基本的な事項を守らなければ，資料保存を妨げることになる[1]。

- 書架から資料を取り出す時に，背の一番上の部分（head-cap）に指を引っ掛けて，引っ張り出してはいけない。
- 書架から資料を取り出す時には，隣接する両側の資料の背を軽く後ろへ押し，それによって生じた背の中央部分をしっかりとつかみ，両手を用いて，他の資料が書架から落ちないように注意しながら，ゆっくり引き出す。
- 濡れた手や指，あるいは汚れた手や指で，資料に触ってはいけない。
- 書き込みをしてはいけない。
- 開いている場合でも閉じている場合でも，資料の上でノートをとったりしてはいけない。
- 目印として，頁の角を折ったり，鉛筆などの厚みのあるものを頁の間に挟んだりしてはいけない。

---

1) この注意事項は，次の文献の記述を一部修正したもの。　日本図書館学会研究委員会編：図書館資料の保存とその対策　日外アソシエーツ　1985　p.86〜87, p.98〜99.

- 資料を開いた状態に保つため，他の資料で押さえてはいけない。
- のどの部分（見開いた頁の綴目に近い部分）を無理に広げすぎてはいけない。
- 資料を開いたまま，伏せて置いてはいけない。
- 落としたりする危険があり，また余計な重さがかかるので，資料を何冊も積み上げてはいけない。
- 資料を机の上で滑らせて移動させてはいけない。
- 開いた頁の上に，重い物を載せてはいけない。
- 後に錆びついてしまうクリップやホッチキスなどを使用してはいけない。
- 酸性化し易い新聞の切り抜きを，頁の間に挟んではいけない。
- 頁を繰る時に，めくりやすいように指を唾で湿らせてめくってはいけない。
- 二本の指を使って頁の端をつまんで静かにめくることをせずに，親指で頁の表面をたぐるようにして乱暴にめくってはいけない。
- 飲食・喫煙しながら閲覧してはいけない。飲料が頁に付着したり，食べ物を頁にこぼしたり，煙草の灰が頁に挟まったりする。
- 借り出した資料を，長時間，直射日光にさらしておいたり，風雨の被害を受けやすいところに放置してはいけない。
- 雨の日に貸出し中の図書を返却するために図書館まで持ち運ぶ際，あるいは貸出し手続きをして退館する際，それらの資料が濡れることがないように鞄などに入れて雨を避けなければならない。

　図書館員は，これらのことをマニュアル化し，知識と意識を徹底して，利用者に指導できるようにしなければならない。そして利用者へは，利用案内や掲示物などでPRを促進し，場合によっては，実際に書き込み，切り抜きなどの人為的被害にあった資料を利用者向けに展示する方法もある。

c. ディジタル媒体の保存対策

　ディジタル資料の保存については，パッケージ系とネットワーク系とに分けて解説する。

　パッケージ系と称されるディジタル資料の媒体としては，フロッピーディスク，CD，CD-ROM，MD，DVDなどが代表的である。これら磁気媒体の保存については，既に述べた紙媒体に関する留意事項に加えて，強い磁気が資料劣化・データ破壊の原因になる点に注意しなければならない。つまり，これらの周辺には強い磁気を発生する機械などを設置すべきではない。さらに磁気媒体を利用する際には必ず読み取り装置が必要となるので，読み取り装置とセットで保存することが重要である。これに関しては，読み取り装置自体の技術改良によりまたたくまに一世代前の機械が陳腐化してしまい，それにあわせて磁気媒体も変化する可能性があるので，注意が必要である。

　ネットワーク系のディジタル資料の場合には，その保存場所として，インハウス型とリモート型とがある。一般的には，インハウス型は，購入あるいは作成したデータを自らのコンピュータ（サーバ）上に置いて利用する方法を意味する。この場合には，それらの保存がデータの各作成者に委ねられ，その体系的な保存を考えることはむずかしい。この問題に関しては，いわゆるインターネット・アーカイビングとして，一部の組織・図書館によって，その保存に対する取り組みが模索されつつある（詳しくは第1章4.（2），（p.19）および本章6.（p.140）を参照）。

　一方，リモート型は，データ制作会社と契約をして料金を支払うことで，遠隔のコンピュータにアクセスして利用する方法である。この場合には，保存の業務は，そのデータ制作会社に託されることになる。

　以上，さまざまな媒体の資料保存については，図書館員の中から資料保存専門家を育成したり，あるいは図書館員の意識の中で保存の重要性を確認した上で，他部門や専門業者との連携を模索するなどの努力が必要である。

（5） 書庫管理—シェルフ・リーディングと蔵書点検

a. シェルフ・リーディング

シェルフ・リーディング（shelf reading）とは，資料を排架順（例えば，請求記号順，あるいは雑誌などはタイトル順・巻号順）に並んでいることを確認し，並んでいない場合は，正しい順序に並びかえる業務である。これによって，利用者が，望んだ資料を請求記号に基づいて書架上で探すのが容易になり，利用者の満足度も向上する。さらには，この業務には，次のような作業も含まれる。

- 開架書架の棚が資料で満杯であれば，資料を取り出す際や戻す際に，利用者へ負担がかかり，その上，無理をすることよって資料が破損することもある。これを防ぐために，前後に余裕のある棚を利用して，資料移動を行い，少なくても80％前後の詰まり具合の棚にしておく。
- 請求記号のラベルを含む資料の破損や汚損が発見された場合は，それを取り出して補修担当にまわす。
- 資料は必ず棚の左側に寄せるため，資料の右端には，ストッパーを装着するなどして，棚の右側部分の空きスペースに資料が傾かないようにする。
- 資料の位置は徐々に変動していくので，書架の横側などについているサインとの整合性を確認し，適宜，サインを修正する。
- 資料を実際に手に取ることによって，図書館員として資料そのものを覚える機会を増やす。
- 資料の請求記号の間違い，あるいは分類への疑問など，テクニカルサービスの担当者に確認する。
- 作業に従事している場所付近で，該当資料が見つからないなどの理由で困っている利用者がいれば，積極的に声をかけ，その場で対応・支援する。

以上のようなシェルフ・リーディングの作業は，開架書架を維持していくためには必須である。そのため図書館員全員，あるいはパブリックサービス担当職員が組織的に，かつ定期的，計画的に，順次シェルフ・リーディングをしていく必要がある。その場合の実施方法においては，利用者が書架で利用してい

る場合は，当該箇所の作業ができなくなるため，開館時間前や閉館時の作業が理想ではあるが，それが困難な場合には，一日の開館時間で利用者が比較的少ない午前中のある特定時間を決めて実施すると，作業効率はよい。公共図書館では，月1回，書庫管理のために休館日を設けて実施している図書館もある。

b. 蔵書点検

　蔵書点検（inventory）とは，すべての蔵書の在庫を点検する，いわゆる棚卸し作業である。蔵書点検の目的は，何らかの理由で行方不明になった蔵書を明らかにして，欠本補充をし，蔵書検索におけるデータの正確性を高め，サービス範囲を保障することである。すなわち，利用者が求めている資料が正しい場所に排架されることによって，該当資料へのアクセス，利用可能性（availability）を高める重要な意味をもっている。

　蔵書点検実施の方法には次のような種類がある。

　1）　**開館時と閉館時**　　開館しながらの実施と，閉館しての実施とがある。開館しながら蔵書点検を実施する場合，特定個所についての実施が主で，作業対象エリアのみ，利用者立ち入り禁止とする場合が多い。利用者にとっては，それでも，若干の不便さは残るが，図書館の他のエリアを利用できる利点がある。

　閉館にしての蔵書点検の実施は，利用者へのサービス低下というデメリットは伴うが，作業効率は高い。また開館しながら蔵書点検を実施したくても，労力の関係で実施できない図書館もある。

　2）　**実施時期**　　実施時期として年1回，利用者の少ない時期に点検する方法と，コレクションの規模や図書館員の人数によっては，年度ごとに特定の排架場所，分類を順次点検し，数年をかけて全蔵書の点検をする方法とがある。

　アンケート調査結果によると，蔵書点検の効果に否定的な意見として，次のようなものがある[1]。

　1）　伊藤昭治,山本昭和編著：本をどう選ぶか—公立図書館の蔵書構成　日本図書館研究会　1992　p.108.

- 投入する労力が大きく，しかも一定期間閉館しなければならない。
- 紛失図書の把握は，主に読書案内，予約処理の過程でできるのではないか。
- 紛失図書の補充は発見されたときに行えばよいのであって，気づかれない紛失図書は，要求がないのだからそんなに気をつかう必要がない。
- 蔵書点検をしないために別段困ったことは起こらないし，点検したからといって，サービスに特に効果があるとは思えない。

このように蔵書点検は，手作業で図書館員の労力と時間を必要としたことが否定的な意見にも関連していった。しかし，最近は書庫内で利用できる携帯用バーコードリーダーで，資料1冊ごとに貼ってあるバーコードを読み込み，それらのデータを図書館システムに読み取らせ，貸出し中データと所蔵データとを照合することによって，より早く蔵書点検を行う方法も増えてきている[1]。

さらには，一部の先進的な図書館では，資料1冊ごとにバーコードの代わりにICチップを貼っている。これにより，従来のように資料1冊ずつを取り出して正確に読み込む必要はなくなり，近接した状態での非接触方式で，読み取り機が向けられた資料群に対して，ICチップ内蔵の登録データがまとめて読み込まれるという便利な方式もとられるようになってきた。こうした方法が今後の主流になると思われる。

5．コレクションの評価・再編のプロセス

(1) コレクションの評価

a．評価の目的と種類

コレクションを評価する主な目的としては，次の二つが挙げられる。
① 資料選択のプロセスや基準が適切であるかどうかを確認する。
② 不要な資料を選別し，コレクションを更新する。

---

1) 蔵書点検については，次の文献を参照。
William J.Hubbard 著，丸谷治一訳：書庫の管理　勁草書房　1987　p.117〜121.

コレクションの構築は「資料を選択して受入・排架すれば終わり」ではなく，その結果として形成されるコレクションの状態や利用の程度を評価して，それを選択プロセスへとフィードバックしていく必要がある。また，コレクション中の古くなった資料や利用されなくなった資料などを取り除き，コレクションの「新陳代謝」を促進するためにも，評価は重要である。

いくつかの基準によって，コレクションの評価を分類することが可能である。例えば，以下のような基準によって，多種多様なコレクション評価法を特徴づけることができる。

① 目的による分類
  a.選択プロセスの評価・修正　　b.不要資料の選択
② 評価の尺度による分類
  a.効果（effectiveness）　　　　b.効率（efficiency）
  c.費用（cost）
③ 評価の様式による分類
  a.定量的な方法　　　　　　　b.定性的な方法
④ データの収集法による分類
  a.業務統計　　　　　　　　　b.調査統計
⑤ コレクション自体と利用とのどちらに重点を置くかによる分類
  a.コレクション中心　　　　　b.利用中心
⑥ 評価基準による分類
  a.達成目標との比較　　　　　b.ガイドライン・規準との比較
  c.他の図書館や別のサービスとの比較　　d.特に比較しない場合

このうち，①の評価の目的についてはすでに説明したので，それ以外について，簡単に説明する。

1）効果と効率，費用　　効果（effectiveness）とは，サービスの目標が達成された程度であり，それに対して，効率（efficiency）とは，その達成に要した資源（時間，費用など）の程度を指す。例えば，利用者がある図書を読みたいと思ったときに，それをその図書館で「入手できるかどうか」は効果の尺度

であり，その図書を「入手するまでに要した時間」は効率の尺度と考えることができる。コレクションの評価を行う場合に，どちらの観点から評価するかを明確にしておくことは重要である。

また，効率を費用で測定した場合に，費用対効果（cost-effectiveness）の概念が導かれる。例えば，ある目標を同じ程度に達成する二つの方法があったときに，必要な費用が少ない方（あるいは単位費用あたりの達成度が大きい方）が優れていると評価できる。このように，経営上の観点からは，費用も重要な評価尺度あるいは要因である。

2）　**定量的方法と定性的方法**　　例えば，コレクションをその点数や年平均成長率によって評価する場合が定量的な方法（quantitative method）であり，それに対して，コレクションの質を図書館員や主題専門家が観察によって評価するような場合が定性的方法（qualitative method）に相当する。一般に，定量的な方法は資料を個別的ではなく集合体として把握することが多いので，マクロな評価に適しており，それに対して，定性的な評価は個別的・部分的な評価に適しているといえる（もちろん，例外もある）。

ただし，定量的な方法と定性的な方法との区分はそれほど明確ではない。例えば，大学図書館において，雑誌の評価を教員に対してアンケート形式で依頼し，その結果を量的尺度に換算する場合などは（例えば，「有用」を10点，「有用でない」を0点などとする），どちらに分類するかは容易ではない。ただし，本書では，このような場合は定性的な方法に含めて考えることとする。

3）　**業務統計と調査統計**　　数量的なデータを収集して評価する場合，その収集方法による特徴づけが可能であり，それらのデータは業務統計と調査統計とに大別できる。業務統計とは，日常的な図書館業務の記録を集計することによって作成される統計データであり，例えば，貸出延べ冊数などの貸出統計がその典型例である。最近の図書館業務の機械化によって，以前よりも容易にこの種の統計を集計することができるようになった。それに対して，調査統計とは，通常の業務以外に，なんらかの特別な（余分な）調査を実施することによって得られた統計データを指す。例えば，来館者調査や住民調査などがその例で

ある。

　業務統計を利用する場合には，特別な調査を実施する必要がないので，費用が安く，しかも，統計学的に複雑な調査法を適用しなくてもすむ場合が多い。その反面，調査項目（評価項目）が限定されてしまうという欠点がある。それに対して，調査統計の場合は，費用がかかり，しかも，場合によっては調査・分析のために複雑な統計的知識が必要になることがあるが，業務統計に比べて，調べたい（評価したい）項目の設定をより自由に行えるという大きな利点をもつ。

　4） コレクションと利用　　評価の場合にも，資料選択における価値論と要求論に対応するように，コレクション自体に重点を置く評価と，利用に重点を置く評価の二つが考えられる。前者はコレクション中心評価法（collection-centered measure），後者は利用者中心評価法（user-centered measure）と呼ばれることがある。前者の典型例は，評価基準となる何らかの書誌と，自館のコレクションとを比較するチェックリスト法であり，後者の典型例は，貸出統計から各主題分野の利用状況を把握する方法である（これらに関しては後で詳述する）。

　5） 評価の基準　　評価を行うには，通常，何らかの基準が必要である。業務あるいはサービスの目標が明確に規定されており（例えば，「住民あたりの蔵書冊数を3冊に増やす」など），その目標に対する達成度を評価するような場合には，当然，その達成目標が評価の基準になる。また，評価したい項目に関して，何らかの外的な規準が設定されていることがある。例えば，コレクションに関する基準としては，IFLA（国際図書館連盟）による公共図書館のガイドライン[1]や，「公立図書館の設置及び運営上の望ましい基準」（文部科学省告示，2001年），「国立大学図書館改善要項」（文部省，昭和28年），「公立大学図書館改善要項」（公立大学図書館協議会，昭和36年），「新私立大学図書館改善要項」（私立大学図書館協会，平成8年）などのなかに言及がある[2]。しかし，これらの多

　1）　国際図書館連盟公共図書館分科会編，森耕一訳：公共図書館のガイドライン　日本図書館協会　1987.
　2）　日本図書館協会編：図書館法規基準総覧　第2版　日本図書館協会　2002.

くは最低基準を示したものにすぎないし，また，個別的な状況を無視して，どのような図書館にも適用できるような具体的な規準（特に数量的規準）を設定することは一般に非常にむずかしい。外的な規準を適用する場合には，このような点に十分な注意を払うことが必要である。

　自館の数値を，規模や性格の類似した他の図書館と比較することによって評価を行うこともできる。公共図書館と大学図書館については，各館の蔵書冊数や貸出延べ冊数などが『日本の図書館』や『図書館年鑑』（ともに日本図書館協会刊）に公表されているので，これらの数値については，容易に比較が可能である。3-5表に『日本の図書館』統計編における主要なデータ項目を示す。また，自館のなかだけでも，複数の異なるサービスや手法の間での比較，あるいは前年度実績との対比によって評価することもできる。

　なお，特に明確な評価基準を設定しないことも少なくない。例えば，各館の館報には，その年度のさまざまな実績が報告され，そのなかでコレクションに関する統計や貸出統計などが掲載されることがある。これは，基準を用いた明確な評価を目的としていないことが多いものの，実績値の公表であり，一種のコレクション評価とみなすことができる。

b．評価の手順

　一般に，図書館評価の手順は3-9図のようになる[1]。

　まず，評価の目的・目標を明確に設定することが重要である。何について，どのような目的で評価を実施するのかをこの時点で明確にしておかないと，調査・分析が進むうちに，何を何のために評価しているかが判然としなくなるということになりかねない。

　次に，この目標に沿って，調査方法，調査（評価）項目，調査日程，集計・分析の方法，調査の費用などを具体的に策定する。評価の実施担当者だけではなく，評価にかかわる部門の担当者の意見も聴き，全体として無理のない計画

---

[1]　高山正也ほか：改訂図書館経営論　樹村房　2002　p.141.

5．コレクションの評価・再編のプロセス

3-5表 『日本の図書館』統計編に公表されている主要なデータ項目

公共図書館	大学図書館
館数，自動車図書館数，奉仕人口，職員数〔司書・司書補，その他〕，蔵書冊数〔うち児童書〕，受入図書冊数〔うち購入冊数〔うち児童書〕〕，年間除籍冊数，雑誌購入種数，団体貸出〔団体数，貸出冊数〕，個人貸出〔登録者数〔うち児童〕〕，貸出冊数〔うち児童〕，前年度支出額〔経常費総額，人件費，資料費〔うち図書費〕〕，今年度予算〔一般会計総額，経常費，資料費〔うち図書費〕〕	奉仕対象学生数，職員数〔専任職員，臨時職員〕，蔵書冊数〔うち洋書〕，開架図書率，受入図書冊数〔うち洋書，うち購入冊数〕，受入雑誌種類数〔日本語，外国語〕，館外個人貸出〔貸出者数〔うち学生〕，貸出冊数〔うち学生〕〕，年間開館日数，電子複写枚数，相互協力業務〔図書の貸出冊数，図書の借受冊数，文献複写の受付件数，文献複写の依頼件数〕，前年度決算〔経常的経費，人件費，資料費〔うち図書費〕，製本費〕

注：〔　〕は内訳あるいは細分を示すための記号である

とすることが重要である。また，統計調査を行う場合には，統計の専門家の助言を十分に受けることが望ましい。

　策定された計画に沿って実際に調査を開始する前に，予備的な調査を実施しておく。特に，統計調査の場合には，予備調査によって，調査票などの欠陥が発見されることも少なくない。そのような場合には，前の段階に戻って，もう一度，計画全体を見直す必要もある。

　予備調査を経て計画が完全なものとなったら，本調査を実施する。そして，その結果を集計・分析し，最終的に，評価結果を報告書などの形にまとめる。場合によっては，最終的な結論を出す前に，事後的な調査が必要となることもある。なお，以上の手順は，定量的な手法で評価する場合の典型例であるが，定性的な評価の場合もほぼこれに準ずる。

c．評価の実際 (1)：コレクション中心評価法

　評価の実際として，まず，コレクションを中心に評価する方法について述べる。これらの方法は，① 統計によるマクロ的な評価，② チェックリスト法，

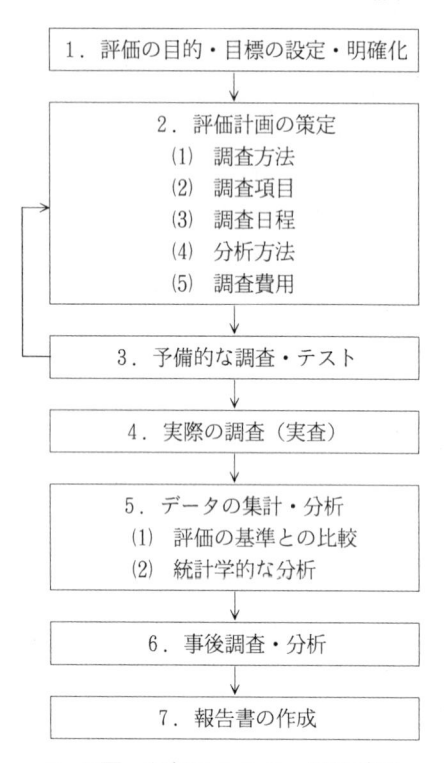

```
┌─────────────────────────────────┐
│ 1．評価の目的・目標の設定・明確化 │
└─────────────────────────────────┘
              │
              ▼
┌─────────────────────────────────┐
│ 2．評価計画の策定                │
│   (1) 調査方法                   │
│   (2) 調査項目                   │
│   (3) 調査日程                   │
│   (4) 分析方法                   │
│   (5) 調査費用                   │
└─────────────────────────────────┘
              │
              ▼
┌─────────────────────────────────┐
│ 3．予備的な調査・テスト          │
└─────────────────────────────────┘
              │
              ▼
┌─────────────────────────────────┐
│ 4．実際の調査（実査）            │
└─────────────────────────────────┘
              │
              ▼
┌─────────────────────────────────┐
│ 5．データの集計・分析            │
│   (1) 評価の基準との比較         │
│   (2) 統計学的な分析             │
└─────────────────────────────────┘
              │
              ▼
┌─────────────────────────────────┐
│ 6．事後調査・分析                │
└─────────────────────────────────┘
              │
              ▼
┌─────────────────────────────────┐
│ 7．報告書の作成                  │
└─────────────────────────────────┘
```

3-9図　評価のための一般的手順

③　専門家による評価，に大別できる。以下，順に説明する。

1）コレクションの統計　所蔵資料の冊数（あるいは蔵書冊数），年間増加冊数，年間廃棄冊数，雑誌の購入種数などは，業務統計として，比較的容易に集計できる。これらのコレクションの統計は，図書館の資料収集（あるいは廃棄・別置）の活動をマクロ的に評価する場合に便利である。このうち，所蔵資料冊数と雑誌の購入種数は，コレクションのある一時点での規模（すなわちストック（stock））を示す量であり，年間増加冊数と年間廃棄冊数は，一年間のストックの変化量（すなわちフロー（flow））を示す量である。したがって，理論的には，

$$\begin{array}{c}\text{今年の}\\\text{所蔵資料冊数}\end{array} = \begin{array}{c}\text{前年の}\\\text{所蔵資料冊数}\end{array} + \begin{array}{c}\text{年間}\\\text{増加冊数}\end{array} - \begin{array}{c}\text{年間}\\\text{廃棄冊数}\end{array}$$

が成立しなければならない。

このようなコレクションの統計で評価を行うには,さらに,購入/寄贈の別,資料形態別,利用対象者別,主題分野別などで集計したり,あるいは,サービス対象人口などで基準化する必要がある。このような目的で主に使われる指標としては,次のようなものがある[1]。

$$\text{蔵書密度} = \frac{\text{蔵書冊数}}{\text{サービス対象人口}}$$

$$\text{蔵書新鮮度} = \frac{\text{年間増加冊数}}{\text{蔵書冊数}}$$

$$\text{蔵書成長率} = \frac{(\text{その時点での蔵書冊数} - \text{前の時点での蔵書冊数})}{\text{前の時点での蔵書冊数}}$$

定義からわかるように,蔵書密度は人口あたりの蔵書冊数であり,公立図書館の場合には,分母としては,通常,その地域の定住人口が用いられる。なお,IFLA のガイドラインでは,これに関して「住民一人あたり3冊」という規準が設定されている[2]。大学図書館の場合には,サービス対象人口を学生総数で近似することもある。

以上の統計はコレクションの規模を表すものであり,その質の評価には直接的には結びつかない。しかし,図書館のコレクションの状態を把握するには,まず最初に押さえるべき基本的な統計であるし,量と質との相関,あるいは,量と利用との相関を想定すれば,質や利用の観点からも重要な評価尺度と考えられる。

2) チェックリスト法　なんらかの資料のリストを基準として考え,そのリストとコレクションとを突き合わせて,不十分な資料を見出す方法をチェッ

---

[1] より詳しい文献として,次のものがある。森耕一編:図書館サービスの測定と評価　日本図書館協会　1985.

[2] 国際図書館連盟公共図書館分科会編,森耕一訳:公共図書館のガイドライン　日本図書館協会　1987　p.67.

クリスト法という。個別的な資料の不足を把握するには最も簡便な方法であり，信頼性の高いリストが設定・利用できれば，同時に最も確実な方法でもある。このためのリストとして代表的なものには，次のようなものがある。

① 全国書誌・販売書誌・選択書誌・主題書誌・索引誌・抄録誌など
② 総合目録や他館の所蔵目録
③ 出版社や古書店などの出版・販売リスト
④ なんらかの著作が引用した文献のリスト（引用文献リスト）

最も典型的な方法は，『選定図書総目録』や『学校図書館基本図書目録』のような選択書誌を用いることである。また，『出版年鑑』，『日本件名図書目録』，各主題書誌などを用いれば，ある主題に関する図書についての「所蔵もれ」を検出することができる。これらの書誌類や，②の総合目録や他館の所蔵目録，③の出版社や古書店の出版・販売リストは，資料選定のツールとして利用されることから考えても，チェックリスト法での比較対象に用いられるのは当然であろう。また，雑誌の評価には，索引誌や抄録誌が使えるが，このためには，オンライン・データベースやCD-ROMの検索機能を利用するのが望ましい。冊子体の索引誌・抄録誌では，採録雑誌一覧が使える程度であるが，コンピュータでの検索を利用すれば，件名やディスクリプタごとの収録雑誌や該当文献件数も得ることができ，より便利である。

なんらかの著作に引用されている文献のリスト，すなわち，引用文献リスト（あるいは参照文献リスト）を基準とすることもできる。例えば，その分野の基本的な教科書と考えられている著作の引用文献とコレクションとを突き合わせることにより，その分野の基本的な図書や雑誌をどれだけ所蔵しているかを評価できる。また，大学図書館ならば，その教職員や大学院生が執筆した著作物（図書，雑誌論文，学位論文など）における引用文献リストを用いることも可能である。それらの引用された文献のうち，図書館が所蔵していないものは，教職員や院生が個人的に所有しているもの，あるいは他の図書館などで利用したものであり，他の利用者にも潜在的な価値を持っている可能性がある。研究者や学生はある文献に目を通したときに，さらにそれに引用されている文献を

5. コレクションの評価・再編のプロセス　　　131

Mark	Rank	Journal Abbreviation	ISSN	1995 Total Cites	Impact Factor	Immediacy Index	1995 Articles	Cited Half-life
✓	1	J AM SOC INFORM SCI	0002-8231	771	1.156	0.522	69	5.8
	2	KNOWL ACQUIS	1042-8143	253	1.143		0	4.8
	3	ANNU REV INFORM SCI	0066-4200	120	1.111	0.000	8	6.5
✓	4	LIBR INFORM SCI	0373-4447	78	1.000			
✓	5	LIBR QUART	0024-2519	152	0.970	0.083	12	8.5
✓	6	J DOC	0022-0418	271	0.931	0.200	20	>10.0
✓	7	COLL RES LIBR	0010-0870	337	0.865	0.171	41	6.1
✓	8	INFORM MANAGE	0019-9966	420	0.833	0.097	62	4.9
✓	9	INT J GEOGR INF SYST	0269-3798	226	0.719	0.200	35	4.7
✓	10	TELECOMMUN POLICY	0308-5961	195	0.694	0.148	54	3.5
✓	11	B MED LIBR ASSOC	0025-7338	258	0.673	0.147	68	4.2
✓	12	LIBR INFORM SCI RES	0740-8188	109	0.594	0.000	16	5.6
✓	13	INFORM PROCESS MANAG	****-****	307	0.580	0.000	52	5.5
✓	14	LIBR J	0363-0277	472	0.533	1.115	96	3.5
	15	PROGRAM-AUTOM LIBR	0033-0337	68	0.481	0.161	31	
	16	J INFORM SCI	0165-5515	179	0.474	0.174	46	5.0

Sort: Impact Factor　　Filter: INFORMATION　　57 Journals　　12 marked

3-10図　ISI社の *Journal Citation Reports* の例（図書館情報学）

読みたくなる場合が多い。この点でも，引用文献リストは重要な情報源である。

また，「引用される」ということを一種の科学的業績と考え，よく引用される雑誌ほど学術的価値が高いとみなす考え方がある（なお，引用された回数を被引用回数と呼ぶ）。この考え方に立てば，よく引用される雑誌を図書館に揃えるべきという方針が導かれる。このための便利なツールとして，米国のISI社による *Journal Citation Reports*（JCR）がある。これはCD-ROMで販売されており，このなかに自然科学（あるいは社会科学）の各主題領域ごとに，よく引用されている雑誌の順位付きリストが含まれている（3-10図参照）[1]。このリストを用いることにより，自館の受入雑誌の評価を行うことができる。なお，3-10図は

---

1) 棚橋佳子：Journal Citation Reports－引用分析による学術雑誌評価ツール．書誌索引展望 Vol. 20, No. 3, p.28（1996）.
2) 掲載文献数の多い雑誌ほど引用される確率が高くなるので，このような指標が考え出された。この指標の有用性に関しては，次の文献を参照。岸田和明：蔵書管理のための数量的アプローチ—文献レビュー *Library and Information Science* No. 33　p.44～47.（1995）.

単純な被引用回数ではなく，それを掲載論文数で補正した文献引用影響率（impact factor）の順である[2]。引用を一種の利用と考えれば，引用文献にもとづく方法は，後で述べる利用にもとづく評価法に含めることもできる。

3）　**専門家による評価**　　主題専門家や外部のコンサルタント，あるいは担当の図書館員が観察によってコレクションを評価する場合がある。特に，教職員がその主題分野の専門家である大学図書館においては，この方法は比較的容易である。例えば，教員に受入雑誌の一覧を配布し，各雑誌に対して必要・不要をチェックしてもらい，それを集計して，不要な雑誌を選別する方法は一般によく用いられている。

d．評価の実際（2）：利用者中心評価法

コレクション中心評価法では，書誌や引用文献リスト，あるいは主題専門家の判断が評価の基準となったが，利用者中心評価法では，利用者あるいはその利用が評価の基準である。利用者に関する研究は利用者研究（user study），利用に関する研究は利用研究（use study）と呼ばれる。これらにもとづく利用者中心評価法としては，① 貸出統計の分析，② 利用可能性調査，③ 利用者調査（来館者調査あるいは住民調査）などがある。以下，これらについて説明する。なお，すでに述べたように，引用にもとづく方法も利用者中心評価法に含められることがある。

1）　**貸出統計の分析**　　貸出回数（一般には館外貸出回数）は，資料の利用の程度の尺度としてよく用いられている。これは，一つには，貸出統計が業務統計として容易かつ確実に集計できるからである。しかしその反面，資料は，館内閲覧や電子複写などを通じても利用されるから，貸出は資料利用の一面しか反映していないということになる。貸出統計によって評価する場合，常にこの点に留意しなくてはならないが，全体的な傾向として，館内で利用される資料は貸出もされることが経験的に知られており[1]，レファレンスブックに類似し

---

1)　F.W. ランカスター著, 中村倫子・三輪眞木子訳：図書館サービスの評価　丸善　1991　p.62～63.

た機能をもつ図書などを除けば，貸出を資料利用の一次的な近似とみなすことが可能である。

貸出統計は，コレクションの統計と同様に，他の属性別（資料の種類別，利用者別，主題分野別など）に集計したり，他の尺度で基準化することにより，より有用な統計となる。主な指標としては，次のようなものがある。

$$貸出密度 = \frac{貸出延べ冊数}{サービス対象人口（定住人口）}$$

$$蔵書回転率 = \frac{貸出延べ冊数}{蔵書冊数}$$

貸出密度は，人口1人あたりの貸出回数であり，公共図書館の利用の程度あるいは活動の程度を測る指標としてよく用いられる。公共図書館の場合，一般には登録しないと貸出サービスを利用できないことから，分母を「登録者数」にすることもある。この場合には「実質貸出密度」と呼ばれる。また，「貸出サービス指数」は，貸出延べ冊数に図書1冊あたりの平均価格を乗じ，それを図書館の経常費で除したものである（正確には，さらにそれに100を掛ける）[1]。

貸出密度や実質貸出密度はかなりマクロ的な指標であり，どちらかといえば，コレクションの評価というよりも，コレクションを含めた図書館サービスを全体的に測る尺度としてみなされる傾向がある。それよりも，直接的にコレクションの評価尺度として用いられるのは，蔵書回転率である。この定義は上に掲げたとおりであるが，この指標は次のように利用する。例えば，ある図書館で，

　分野A：貸出回数が300回，蔵書冊数が100冊
　分野B：貸出回数が300回，蔵書冊数が600冊

であったとする。両分野の貸出の量は等しいが，蔵書回転率を計算すると，分野Aは3.0回，分野Bは0.5回で，分野Aの図書の方がかなり頻繁に貸し出されていることがわかる。蔵書回転率が非常に高い場合，貸出のため書架上に十分に図書が残らないような状況が生じている可能性がある。それに対して，蔵

---

[1] 森耕一編：図書館サービスの測定と評価　日本図書館協会　1985　p.276〜277.

回転率が低い場合には，さらに相互貸借の借受件数や購入希望のリクエストのデータを付け加えることによって，評価することが可能である。例えば，蔵書回転率の低い分野BとCについて，

  分野B：蔵書回転率が0.5回，相互貸借の借受件数やリクエストの件数は分野別での平均件数よりも多い

  分野C：蔵書回転率が0.5回，相互貸借の借受・リクエストは殆んどない

であるならば，分野Bは選択プロセスになんらかの欠陥があってコレクションが十分ではないのに対し，分野Cについては，その図書館の利用者の関心自体がそれほど高くない可能性がある。

さらに，貸出統計を出版年別（あるいは受入年別）に集計することによって不要資料の選別に必要な情報を得ることもできる。一般に，貸出統計を用いて，利用の少なくなった図書を識別する方法には，

 ① 貸出回数を出版年あるいは受入年別に集計して，ほとんど利用されない図書の「年齢」を識別する。

 ② 貸出データから，ある一定期間一度も貸し出されていない図書を識別する。

という二つの方法がある。例えば，前者の方法における集計結果の例を3-11図として示す。この図が示すように，一般に，資料に対する利用は，その出版からの年数が経過するにつれて（すなわち「年齢」が加算するにつれて），減少していく。この現象は老化（obsolescence）と呼ばれるが，①の方法は，十分に利用の少なくなる年齢を識別して，その年齢以上の図書を不要資料の候補と考えるものである。

この方法には，いくつかの問題点があるが[1]，最も大きな欠点は，有用な図書であろうと，年齢が古ければ不要資料の対象となってしまう点である。それに対して，上の②の方法は，各資料が貸し出されない期間を個別的に集計するので，そのような欠点はない。その代わり，集計がより困難であり，さらに，二

 1） 詳しくは次の文献を参照。岸田和明：蔵書管理のための数量的アプローチ－文献レビュー　*Library and Information Science*. No. 33, p.51～58（1995）.

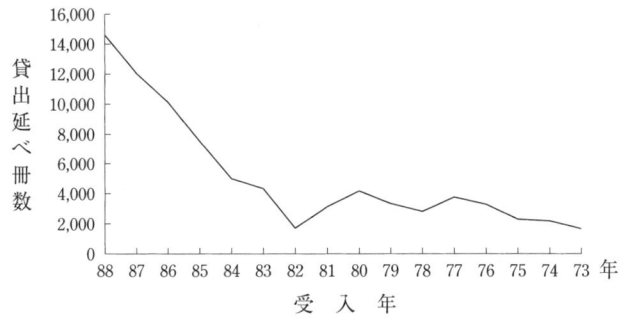

3-11図　出版年別（受入年別）の貸出回数の例

次的書庫への別置の場合には，出版年（受入年）で明確に線引きされる①の方法に比べて，利用者が一次的書庫と二次的書庫のどちらを探せばよいのかを知るのが煩雑になる可能性がある。なお，実際に，どの程度の期間，貸し出されないままの図書を不要資料とするかは各館の状況によって異なるので，その貸出データから決める必要がある[1]。一般に，その期間は公共図書館よりも大学図書館の方が長めに設定される。

　なお，雑誌の場合には貸し出されないことが多いので，通常，貸出統計は得られない。そのため，その収録論文の被引用回数によって評価が行われる。例えば，雑誌の掲載論文の年齢別での引用データは JCR から得ることができる。また，JCRの元データである *Science Citation Index*（SCI）や *Social Sciences Citation Index*（SSCI）を使えば，より詳細に分析することも可能である。

　2）　利用可能性の調査　　利用可能性の調査（availability test）は，資料の選択だけでなく，目録の正確性や書庫管理の程度なども含めて，総合的に図書館を評価する方法の一つである。まず，ある資料を求めて来館した利用者が実際に望みの資料にたどり着くまでには，3-12図に示したようないくつかの段階を通過しなければならないと考える。そして，実際に，図書館内で調査を実施し，それぞれの段階を通過できた人数を集計する。例えば，目録ホールやOPAC

1）　この手順については，次の文献を参照。F.W. ランカスター著，中村倫子・三輪眞木子訳：図書館サービスの評価　丸善　1991　p.55〜57.

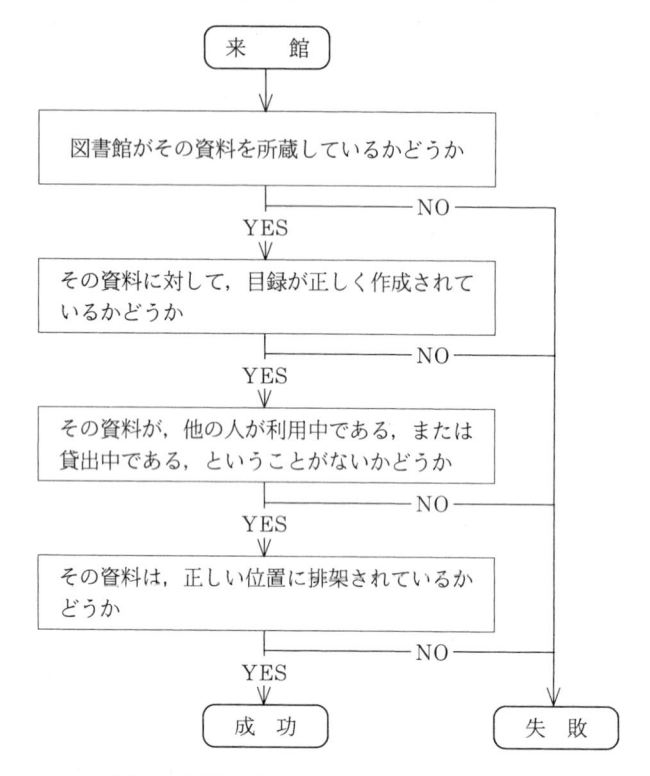

```
                    ┌─────────┐
                    │  来 館  │
                    └────┬────┘
                         ▼
              ┌──────────────────────┐
              │図書館がその資料を所蔵│
              │しているかどうか      │
              └──────────┬───────────┘
                    YES  │────── NO ──────┐
                         ▼                │
              ┌──────────────────────┐    │
              │その資料に対して，目録│    │
              │が正しく作成されて    │    │
              │いるかどうか          │    │
              └──────────┬───────────┘    │
                    YES  │────── NO ──────┤
                         ▼                │
              ┌──────────────────────┐    │
              │その資料が，他の人が利│    │
              │用中である，または    │    │
              │貸出中である，ということがないかどうか│
              └──────────┬───────────┘    │
                    YES  │────── NO ──────┤
                         ▼                │
              ┌──────────────────────┐    │
              │その資料は，正しい位置│    │
              │に排架されているか    │    │
              │どうか                │    │
              └──────────┬───────────┘    │
                    YES  │────── NO ──────┤
                         ▼                ▼
                    ┌────────┐      ┌────────┐
                    │ 成 功  │      │ 失 敗  │
                    └────────┘      └────────┘
```

3-12図　利用者が望んだ資料を入手するまでの過程

の端末コーナーにいた100人の利用者に依頼し，その後の過程を追跡調査した結果，100人中90人に関してその望みの資料が所蔵されており，そのうち80人に対しては目録データが正確で，さらにそのうち70人に対しては他人による貸出中・利用中ということがなく，さらに，そのうち60人に対しては，書庫の乱れがなく，資料が正しい位置に排架されているとすると，最終的な成功の確率は，各段階の成功率の掛け算として，

$$\frac{90}{100} \times \frac{80}{90} \times \frac{70}{80} \times \frac{60}{70} = \frac{60}{100} = 0.6$$

のように計算される。成功率の低い段階については，業務・サービスの改善が求められることになる。入手できなかったときに相互貸借サービスやリクエス

ト制度を利用することを想定し，このような手段をも含めて評価したい場合には，実際に入手するまでの時間（日数）を測定すればよい。なお，利用者の協力を得るのがむずかしい場合，図書館員がいくつかの図書を想定して，利用者の行動のシミュレーションを試みることもある。

なお，3-12図の第3段階（他人の貸出・利用中かどうか）に関して，あまりに貸出が多いために他の人が十分にその資料を利用できないような状況を改善する方法としては，① 複本を購入する，② 貸出が集中する資料の返却期限を特別に短くする，の二つの方法がある。理論的には，返却期限を半分にするよりも，複本を1冊購入した方が効果的であることが知られているが[1]，複本を購入する場合には，余分な出費を伴うので，慎重な購入計画が必要である。大学図書館における指定図書制度は，資料を別置して，返却期限を短縮したものととらえることもできる。

3） 利用者調査　来館者に調査票を配布し，コレクションを直接的に評価してもらうこともできる。この方法では，調査票の設計や調査の実施・集計に余分な費用がかかるが，貸出統計による評価などでは得ることのできない，「生の声」を利用者から聞くことができる。また，来館者調査は実際に図書館に足を運ぶ人のみに限定されるが，さらに，一般的な住民・学生に対しても，調査を行うことが可能である。この場合には，通常，郵送などを利用した標本調査となるので，収集・分析に関して，多少，高度な統計学の知識が必要になる[2]。

e．評価指標の標準化と新しい動き

コレクション評価を含む，図書館評価一般に関して，世界的な標準化を進めるために，ISO2789やISO11620などの標準規格が制定されている。前者は図書

1） このことは1960年代に待ち行列理論やシミュレーションなどによって明らかとなった。次の文献に簡単な解説がある。岸田和明：利用統計を用いた蔵書評価の方法『情報の科学と技術』Vol. 44, No. 6 p.304（1994）．
2） 来館者調査・住民調査に関して，詳しくは，次の文献を参照。
高山正也ほか：改訂図書館経営論　樹村房　2002　p.149-152.

館統計,後者は図書館パフォーマンス指標（図書館経営の改善やサービス計画の立案を目的とした標価指標）に関する標準規格であり,特に,後者は最近,JIS X0812として,日本工業規格にもなっている[1]。本書でこれまで説明してきた,蔵書回転率や貸出密度,利用可能性に関する指標などはこの規格にも取り入れられている。

さらに,いわゆる自己点検・評価あるいは行政（政策）評価の重要性が一般的に広く認識されるようになり,この流れの中で,図書館評価に関する議論がなされることがある。図書館評価は,図書館界が長年に亘って取り組んできた研究課題であり,多くの研究成果・実践例の積み重ねがある。しかし,近年の行政評価の文脈の中で,図書館評価自体を再評価し,最適な方法を模索していく必要がある。特に,行政評価における一つの主要概念は顧客満足（customer satisfaction）である。この視点をコレクション評価に導入し,コレクションが利用者をいかに満足させているかを測定し,それに基づいてコレクションの改善を図っていくような努力が,より一層求められることになるだろう。

（2） コレクション更新

a. ウィーディング

ウィーディング（weeding）とは,一定の基準に従って,移管あるいは廃棄すべき資料をコレクションの中から選択することであり,不要資料選択や除架と呼ばれることもある。ウィーディングを実施し,実際に資料を移管または廃棄することによって,書庫に新しいスペースを確保することができる。また,すでに述べたように,コレクション構築の観点からは,不必要な資料を取り除くことによって,コレクションの新鮮さを保つことは重要である。

ウィーディングすべき資料としては,

- 内容が古い,または旧版であるもの
- 損傷・劣化が激しいもの

---

1) 詳しくは,高山正也ほか：改訂図書館経営論　樹村房　2002　p.148〜149. を参照。

- 同一資料がほかにもあって，内容的に重複しているもの
- 利用されていない，または利用頻度がきわめて低いもの
- 不要となった複本

などが考えられる。実際には，刊行から経過した年月数や，最後に貸し出されてから経過した年月数などの客観的な基準が使われることも多いようである[1]。

ウィーディングされた後の処理には，移管と除籍・廃棄がある。

1） 移管 ウィーディングされた資料は，保存書庫や保存図書館などに移管することが考えられる。保存書庫は閉架の集密書庫であったり，あるいは遠隔地にあったりして，利用者にとっては不便であるが，低いコストでの保管が可能である。

2） 除籍・廃棄 資料の保存を断念し，除籍（withdrawal）・廃棄（discard）する場合もある。除籍・廃棄された資料は，他の機関への寄贈，古本業者への売却，利用者への有料または無償での提供，あるいは焼却などの方法で処理される。この場合には，移管とは異なり，その図書館ではその資料を完全に利用できなくなってしまうので，他の機関での利用可能性なども考慮に入れながら，慎重にその資料を選択することが要求される。

b．複製とメディア変換

移管あるいは除籍・廃棄する場合，多かれ少なかれ，利用者に不便をかけることになる。将来の利用が確実に見込めないような資料ならばともかく，まだ利用されるにも関わらず，損傷や劣化が激しくて移管せざるを得ないような場合には，その代替資料を用意することが望ましい。

もし，その資料がまだ入手可能であれば，同一のものを複本として所蔵すればよい。あるいは，写真製版によって複製された図書である影印本や，原本に忠実に活字を組みなおして（または版木を彫りなおして）複製された翻刻本な

1） ウィーディングの基準については，次の文献を参照。
　　Willam A. Wortman 著，松戸保子ほか訳：蔵書管理　勁草書房　1994　p.235～243.
　　三浦逸雄，根本彰：コレクションの形成と管理　雄山閣　1993　p.245～249.

どの復刻本（あるいはリプリント）を購入することができれば，それを利用に供することができる。なお，電子複写機によって複製された図書も，広義には，影印本の一種である。

　あるいは，原本をマイクロフォームや電子媒体に変換して，それを利用者に提供することも考えられる。マイクロフォームには，マイクロフィッシュやロールフィルムなどがあり，それらに原物のイメージを縮小して焼き付けるため，閲覧・複写には特別の装置が必要になる。大きくてかさばる資料をコンパクトに保管できるので，この方法は，これまで，新聞や図面の保存などに幅広く使用されてきた。

　一方，光ディスクなどの電子媒体に保存する場合には，コンピュータですべての処理を行うことになる。アナログ情報をディジタル情報へと変換することにより，図書や写真のような静止画以外にも，動画資料や音声資料も保存することが可能である。

　以上の複製・メディア変換は，単なる代替資料の準備手段というだけでなく，原資料の内容の長期的な保存手段としても有効である。ただし，この場合には，電子媒体の寿命はそれほど長くはないという点に注意する必要がある（場合によっては定期的に新しい媒体への複製が必要になるかもしれない）。

6．電子的な情報資源と図書館コレクション

　近年のコンピュータの技術発展にはめざましいものがあり，さまざまな資料が電子的に作成され，一般に流通している。さらに，インターネットの発展によって，そこから，膨大な量の電子的な情報資源を簡単に引き出すことができるようになっている。

　このような電子的な資料の普及によって，図書館におけるコレクションの概念を，再検討せざるを得ない状況に至っている。一般に，電子的資料は，

- パッケージ系
- ネットワーク系

6. 電子的な情報資源と図書館コレクション

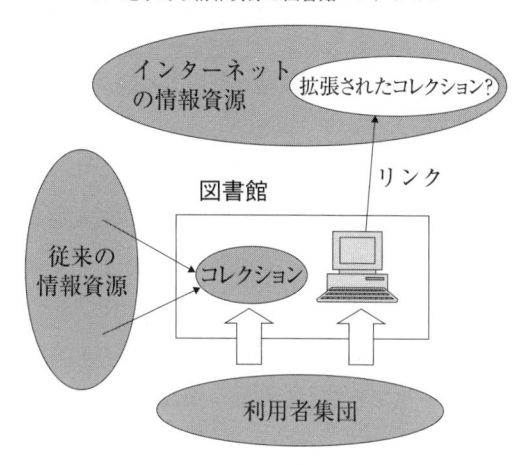

3-13図　図書館によるアクセス可能性の提供

に大別される。例えば，ある資料が電子化され，CD-ROMに焼き付けられて頒布されているとする。この場合，資料そのものは電子的であるが，そのメディアであるCD-ROMは物理的であり，図書と同様の実体をもっている。これがパッケージ系の電子資料の代表例であり，物理的実体を有するので，コレクションとしては，従来の図書またはオーディオCDとほぼ同様に扱うことができる。

一方，インターネット経由でアクセスするWWW上の情報資源の場合には，CD-ROMのようなコンパクトな物理的実体をもたない。このWWW資源がネットワーク系電子資料の典型である。このようなネットワーク系の電子資料を図書館としてどのように扱うべきであるか（例えば，コレクションに含めるべきかどうか）に関しては，現時点では統一された見解はない。

一つ考えられることは，アクセス可能性（accessibility）の提供であろう。すでに説明したように，図書館はさまざまな資料をコレクションとして所蔵することによって，それらに対する利用可能性（availability）を利用者に提供している。それに対して，もし，図書館がサービス対象である利用者集団にとって有用なWWWのページを「選択」して，図書館のホームページからリンクを張ったとすれば，それは，ネットワーク系の電子資料へのアクセス可能性を提供していることにほかならない。現時点でも，インターネットへの有用な入り口（ポー

タル）またはゲートウェイとして，ホームページを提供している図書館は数多い。そのような図書館はアクセス可能性を利用者に提供していると考えることもできる。

このとき，リンク先のWWW上の情報資源を図書館コレクションと呼ぶことができるかどうかは微妙な問題である。もしかすると，「拡張されたコレクション」と呼ぶことは可能かもしれない（3-13図参照）。

しばしば指摘されるWWW資源の問題はその不安定性である。つまり，WWWのページの内容の更新・削除はその作成者が簡単に実行できるため，有用な情報資源がある日突然，利用できなくなるということも数多い。もし，図書館が有用なWWWページのデータを，その作成者の許可をとった上で，自分のコンピュータ上に複製したならば，そのような心配はなくなる。この場合には，パッケージ系の電子資料と同様に，そのデータは図書館内部に存在することになる。インターネット上のデータをバックアップとして複製・保管することを一般に，インターネット・アーカイビングといい，いくつかの国の中央図書館などではその作業をすでに進めている[1]。いずれ，このようなインターネット上の電子資料の保存が，図書館の機能の一つとして考えられるようになるのかもしれない。

企業や官公庁などの組織においても，さまざまな側面から電子化が進められており，電子資料あるいは電子文書の量は飛躍的に増加している。インターネットの発展やこのような電子文書の増大といった状況がさらに進んだとき，図書館のコレクションの概念をどう考えていくべきかは，これからの重要な課題である。

---

[1] わが国では，国立国会図書館関西館において，この種のプロジェクトが進められている。

第4章　出版をめぐる動向と図書館の自由

1．出版と電子化

（1）　出版の意義とプロセス

a．出版の意義と特性

　出版（publishing）とは，「文書，図画，写真などの著作物を印刷術その他の機械的方法によって複製し，各種の出版物にまとめ，多数読者に頒布する一連の行為の総称」である[1]。思想・内容をもつ著作や情報を，物理的な媒体に固定して公にし，読み手に向けて発信する行為であり，社会の情報流通やコミュニケーションのなかで重要な役割を果たしている。

　出版物の特徴としては，
　　① 独自の価値をもつ創作物であること
　　② 価値評価が多様であること
　　③ 影響力の測定がしにくいこと
　　④ 量より質が尊重される
　　⑤ 多品種・少量生産である
　　⑥ 同一商品を反復購入する例はほとんどない
　　⑦ 文化性と商品性をもつ
　　⑧ マスメディアとパーソナルメディアの両面性がある
などが挙げられる[2]。

　出版が成立するためには，思想・表現を行う著者と，出版物を複数部数印刷する技術と，その出版物の受け手である読者が必要である。近代の出版は，著

1）　布川角左衛門ほか編：出版事典　出版ニュース社　1971　660p.
2）　小林一博：本とは何か—豊かな読書のために　講談社　1979　208p.（講談社現代新書）

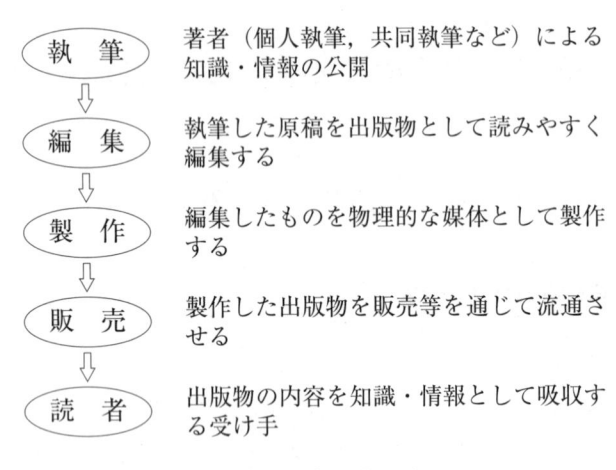

```
執　筆  著者（個人執筆，共同執筆など）による
　⇩     知識・情報の公開
編　集  執筆した原稿を出版物として読みやすく
　⇩     編集する
製　作  編集したものを物理的な媒体として製作
　⇩     する
販　売  製作した出版物を販売等を通じて流通さ
　⇩     せる
読　者  出版物の内容を知識・情報として吸収す
        る受け手
```

4-1図　出版のあらまし

者と，大量部数を製作し頒布する出版社の分業，出版物を入手する読者としての「市民」の形成，さらにその出版物を読者のもとに流通させる仕組みの構築によって特徴づけられている。（4-1図）。これらの発達は，国や地域の歴史的状況によって異なっており，それぞれに，出版をめぐる慣習や制度が構築され，産業としての地位を築いている[1]。

b. 出版のプロセス

一般大衆を読者とし，製作から流通をマス・マーケットを対象にして商業的に行う場合を「商業出版」といい，それに対して，独自の読者層をもつものや，製作過程が小規模なものを「学術出版」，「自費出版」，「地方出版」などと呼んでいる。

商業出版の本づくりのプロセスは，一般的には，企画会議 → 原稿作成（原稿

1）　書物と読者の社会的な考察については，
　　ロジェ・シャルティエ著，長谷川輝夫訳：書物の秩序　筑摩書房　1996　234 p.，
　　ロジェ・シャルティエ著，水林章・泉利明・露崎俊和訳：書物から読書へ　みすず書房　1992　374p.，
　　前田愛：近代読者の成立　岩波書店　2001　391 p.（岩波現代文庫）などがある。

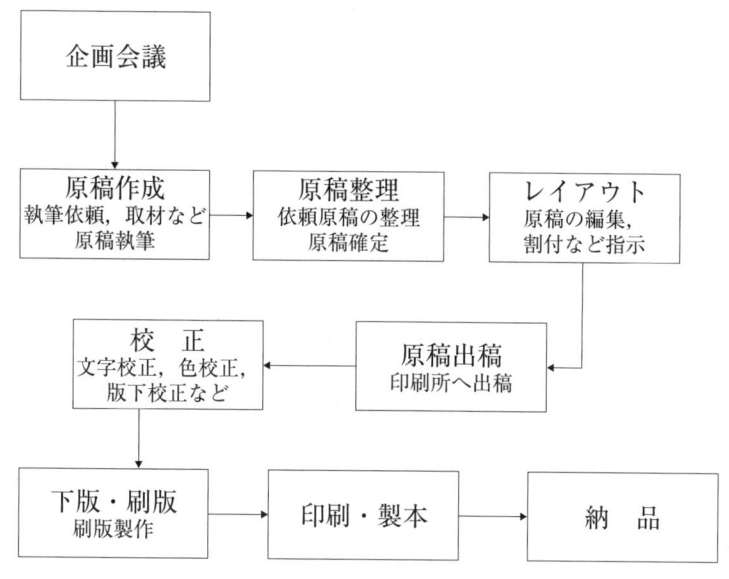

1. 出版と電子化

```
         ┌──────────┐
         │  企画会議  │
         └────┬─────┘
              ↓
┌──────────┐   ┌──────────┐   ┌──────────┐
│ 原稿作成  │→ │ 原稿整理  │→ │ レイアウト │
│執筆依頼，  │   │依頼原稿の │   │原稿の編集， │
│取材など   │   │整理      │   │割付など指示│
│原稿執筆   │   │原稿確定   │   │          │
└──────────┘   └──────────┘   └──────────┘

┌──────────┐   ┌──────────┐
│   校 正   │← │ 原稿出稿  │←
│文字校正，  │   │印刷所へ出稿│
│色校正，   │   │          │
│版下校正など│   │          │
└────┬─────┘   └──────────┘
     ↓
┌──────────┐   ┌──────────┐   ┌──────────┐
│下版・刷版  │→ │ 印刷・製本│→ │  納 品   │
│刷版製作   │   │          │   │          │
└──────────┘   └──────────┘   └──────────┘
```

4-2図　商品企画としての本づくりのプロセス

依頼など）→ 原稿整理 → レイアウト → 原稿入稿（印刷所に入稿する）→ 校正（対象別には，文字校正・色校正・版下校正などがある。そのほか，著者による校正も欠かせない。）→ 下版（各種の校正が終了したものを印刷所に渡すこと）→ 刷版 → 印刷 → 製本 → 納品，の各段階がある（4-2図）。

（2）印刷技術と技術革新

a. 刷版と印刷

編集から印刷・製本までのプロセスにおいて，近年，コンピュータの利用が著しい[1]。

印刷方式には，① 凸版印刷，② 凹版印刷，③ 平版（オフセット）印刷，④ 孔版印刷（シルクスクリーンなど）などがあり，特に多色のカラー印刷などで

---

[1] 1990年代を展望した印刷技術全般のレビューは，中村幹「90年代の出版印刷技術研究」『出版研究』33号　2003　pp.11-27参照。

凸版

平版
オフセット

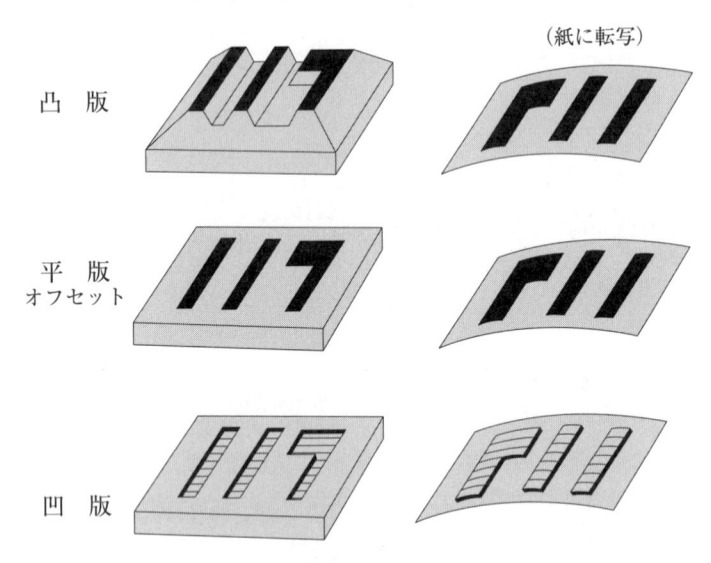

凹版

（紙に転写）

4-3図　印刷の方式

はそれぞれ特徴を生かした印刷方式が用いられている。これらの印刷方式は基本的には，版とインクを用いた印刷であるという点で共通性をもっている（4-3図）。なお，オフセット印刷という呼称の由来は，版につけたインクをゴム布製のブランケットに転写（off）した後，ブランケットの上のインクを紙などの印刷素材に押しあてて印刷する（set）ことによる。版が紙に直接触れないため，版が長持ちし，インクが紙に絡むこともない。現在，一般にはオフセット印刷が主流である。

　近年，データから直接印刷を行う方式（オンデマンド印刷）が出現して，1冊単位の印刷・出版もなされてきている。これは，コンテンツ（中身）を，紙の本として印刷するプリントオンデマンド（print on demand：POD）と呼ばれ，データ→印刷→製本，という工程を一環処理する高速プリンターの導入で，1冊単位の出版が可能になっている[1]。

1）データーベースを利用してテキストや画像を差し替えて出力する可変印刷がこの手法で印刷されてきた。特に，個人向けのダイレクトメールや，カスタマイズ（注文に応じて作り替える）なカタログやマニュアルなどに急速に活用されている。1993年にカラーのオンデマンド印刷機が発表され，続いて各社からも類似機種が登場した。

書籍出版では，1990年代からの画質の向上などにより実用化にはずみがついた。これはインクではなく，トナーで印字する方法で，刷りの仕組みはゼロックスコピー（電子式複写）と同じで，トナーを電子帯電方式で定着させる方法をとっている。

b. DTP（デスクトップ・パブリッシング）

1990年代初頭から中ほどにかけて，活字が消え去り，写真植字（写植）を経て電算写植が台頭すると思われた矢先，DTP（desktop publishing）が出現した。DTPとは，パソコンを使い，原稿の出稿 → 編集 → レイアウト → 印刷，までをすべて机上（デスクトップ）で行うシステムである。1990年代末には過半数を超える出版物がDTPで組版されるようになった。

編集済みのデータは，紙や印刷用の製版フィルムに出力することができるばかりでなく，CD-ROMやインターネットによる電子出版にも利用できる。DTPでは，レイアウト済みのデータをプリンターで出力して印刷物の代用にもできるが，大量・高品質の印刷を望むなら，データをフィルムに出力し，従来どおり印刷する方法も行われている。このような，データから直接刷版をつくる方法は，CTP（computer to plate）と呼ばれている。

c. ワンソース・マルチユース

ところで，こうした製作工程のディジタル化は，紙媒体の本をつくる過程で生じてきたが，その結果として，図版や表なども含めて，「本」の中身全部を電子データで保有する，ということを促進することとなった。そのため，本のディジタルデータを基に，紙やそれ以外の媒体での提供の可能性が生まれることになり，ディジタルデータを資産としてどのような出版活動が可能かについて，各方面で実験的な試みが行われるようになっている。こうした一つのディジタルデータからいくつもの形式の提供が可能となることを「ワンソース・マルチユース」という。すなわち，ワンソースから，単行本，CD-ROM，インターネットでの配信（電子書籍），HTML形式やPDF形式への変換（ホームページ等で

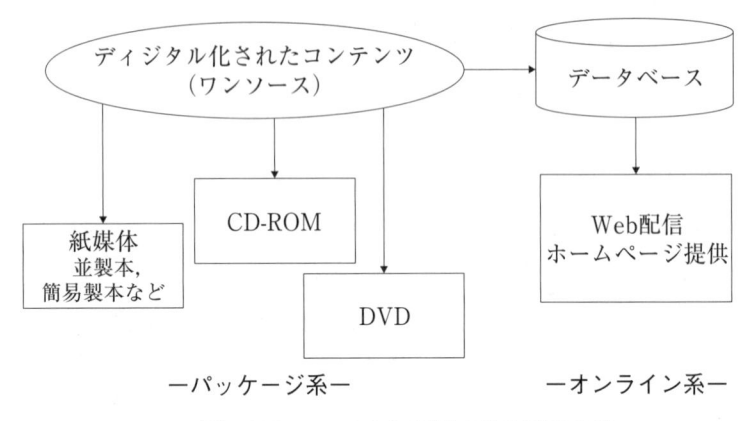

4-4図 ワンソースから利用できる形態の例

の活用），要望があった時に印刷し，本として提供するオンデマンド出版などに活用できるのである（4-4図）。

(3) 電子出版

a. 電子出版の定義

電子化された出版物を総称して電子出版といい，そのうちディジタル化された図書を特に電子図書という。出版業界でもマルチメディア業界においても，電子書籍，電子ブックと同義語として使われてもいる。いずれも，読者がコンピュータや専用機器を利用することを前提とした出版形態である。

電子出版は，従来，印刷物として出版されていた，文字中心，静止画を中心とした著作物か，それに若干の音声や動画が加わった著作物の電子メディア化であり，音声を中心としたものや，動画を中心とした著作物を電子メディアで頒布しても，通常は電子出版とはいわない[1]。

その範疇には，インターネットのホームページや，メーリング・リスト，メー

---

1) 『知恵蔵』2002年版および『図書館情報学用語辞典』第2版（2000）による。
なお，合庭惇「1990年代の電子出版」『出版研究』31号 pp.49-61 2001.
北側高嗣ほか編：情報学事典　弘文堂　2002　1.140p. にも，それぞれ解説がある。

ル・マガジンも含まれている。また，最終的な形が紙を使った出版であっても，その過程でディジタル情報処理，インターネットなどを使う，プリントオンデマンドなども，電子出版といえる。

b．わが国の電子出版の展開

わが国最初のCD-ROM出版は，1985年の三修社『最新科学技術用語辞典』で，その2年後の1987年には岩波書店が『広辞苑』のCD-ROM版を発売した。つづいて自由国民社の『現代用語の基礎知識』，三省堂『模範六法』などが出版された。こうした辞書を中心としたコンテンツから一般書の分野に展開したのが，1995年に新潮社が出した「新潮文庫の100冊」で，ボイジャー社の「エキスパンドブック」（1991年発表）で読む形式をとるものであった。

「エキスパンドブック」（Expand Book））は本づくりを目的とした最初のソフトウエア（ツール）で，専用のプレイヤーを必要としない。汎用のパソコンにインストールすると，ディジタル化したコンテンツを「書籍」のように編集していくことができる。1992年には，日本法人のボイジャー・ジャパンが設立され，93年には同社によるコンテンツ提供が行われた。その後，日本語の本の縦書き，ルビなどに対応したExpandbook 2が1995年に開発された。また同社は，HTMLファイルとテキストファイルを対象に文字の大きさや書体の種類，段組み，縦書き横書きなどが切り替えられる「T-Time」というテキストブラウザも1998年に発表している。

百科事典については，1997年にマイクロソフト社のCD-ROM版百科事典『エンカルタ』の日本語版が発売された。これを受けて，わが国でも，日立デジタル平凡社が『マイペディア97』（1997），および『世界大百科事典』（1998）を，また小学館が『スーパー・ニッポニカ』（『日本大百科全書』と『国語大辞典』を収録，1998）を刊行するなど[1]，大型事典類のCD-ROMでの刊行が相次いだ。

---

1) 日立デジタル平凡社は1996年10月設立，2000年3月に解散。その後，インターネットでの百科事典検索サービスは日立システムアンドサービスに引き継がれている。

これらの電子百科事典は、パソコンに表示されたCD-ROM画面から直接インターネットのウェブサイトに飛んでいけるようになっている。また、古くなったデータをインターネットを通じて更新できるなど、紙媒体にはなかった機能を備えた。
　ところで、インターネットが登場する1990年代半ばまでは、電子出版について技術的・社会的には特に大きな変化はみられなかった。CD-ROMが中心の時代には、電子出版物を出版流通で取り扱うことが可能で、出版全体の構造や商習慣を変えることはなかった。しかし、1990年代半ばのインターネットの登場を区切りに、電子出版の流通形態はパッケージ系からネットワーク系に移行した。こうした中で、出版社は電子機器メーカー、通信事業者、大手印刷会社、ソフトウエア会社などから、コンテンツホルダー（保有者）としての役割を期待されることになる。これを機に、電子出版は、ネットワーク出版という新たな局面を迎えることになった。ネットワークとディジタル・コンテンツは、出版印刷や電子機器メーカを含む製造業だけでなく、流通・通信などのすべての産業にとって、未体験の新市場であり、結果的に多様な業種が参入した新たなコンテンツ産業を形成することとなった。

（4）電子書籍

a．電子書籍の現況

　インターネット（WWW）の普及に伴い、ウェブサイトでダウンロード（データをパソコンに移すこと。その逆をアップロードという）提供する方式など、「紙」という媒体を通り越したコンテンツ流通とコンテンツ「読書」が行われつつある。ここでは、紙やCD-ROMなどの媒体にあらかじめ固定せずに、販売ないし配布される出版物を「電子書籍」と呼ぶ。
　「電子書籍」は、書籍データをデバイス（仕組み、装置）に応じたフォーマット形式でダウンロードするもので、パソコンやPDA（携帯情報端末）などで閲

1）　情報のある場所、インターネット上の画面。正確にはワールド・ワイド・ウェブ・サイト（World Wide Web site＝WWWサイト）。英語圏ではウェブ、もしくはウェブサイトと略す。（『知恵蔵』）

読するのが特徴である。ジャンルは小説，エッセイなどが中心である。2001年までに発売されたタイトル数は述べ 8,818 タイトルで，八つのサイトが中心となっている。フォーマットには主に六つの形式があり[1]，テキスト形式が全体の30％強を占めている。発行者別にみると，全 105 社中，上位 20 社で90％に達している。

提供されているコンテンツは，当初は出版社がディジタルデータをもっているもの（絶版など）や，著作権保護期間が過ぎているものなどに中心があったが，紙と同時発売の新作，あるいは，単行本では提供しにくい，連載ものの部分提供といった，利用者の欲しい情報の部分限定の提供や，電子書籍独自の動画音声を取り入れたコンテンツの充実なども手がけられている[2]。

b．閲読のための技術・装置

電子書籍が「コンテンツのみで，媒体にあらかじめ固定されていない」ということは，読書のためには，その電子データを再現し，個人の読書に適した形にするインターフェイス（媒介・接続装置）が必要になることを意味している。実際の読書形態に近づくように，記憶型液晶を採用した見開き型の専用端末や，電子ペーパーなど，紙の本と同じような感覚で読めるディスプレイの開発が進んでいる。

c．電子ペーパー

電子ペーパーとは，紙のように薄くて軽く，印刷したように見やすく，簡単な操作で読めるディジタル・ディスプレイ（電子データ表示板）で，大手印刷

1） テキスト形式（.txt），ブック形式（.book），電子書籍リーダ専用形式（.bvf），PDF 形式（.pdf），シャープザウルス形式（.zbf），BOOKJacket 形式（.bif）の六つの形式が一般的である。
2） 製作工程がディジタル化されて，すでにディジタルデータをもっているもののほか，紙の書籍から改めてディジタルデータをつくる場合，媒体の変換とオンライン送信には，著作権者の承諾が必要である。著作権処理の事務量などから，著作権保護期間を経過し，許諾処理が不要なものをまず手がけるケースも多い。出版社による商用提供のほかに，ボランティアグループによる無料提供の動きとして「青空文庫」がある。青空文庫は，資料のうち，著作権の保護期間が切れた作家の作品をテキスト形式で入力し，一般に無料開放している。

会社や電子機器メーカーが競って開発している。凸版印刷と米国のイー・インク社が共同開発した技術は，微小な電子回路層を一面に配置したプラスチックフィルムに電荷をかけると色素が変化する電子インクを塗布した方式をとっている。

電子ペーパーは，いままで電子書籍の表示に適用されてきた液晶ディスプレイとは違い，いったん情報表示された画面は次に変更されるまでは電力は不要である。そのため，極めて低い消費電力で長期の読書ができる。また，読み終えたら，別の情報と入れ替えも可能である。このように可読性，記憶容量，携帯性とも格段に勝る上，判型を大小自在に加工できる柔軟性を備えている。しかも安価につくることも可能なので紙の印刷物並みの量が生産され，これを搭載する軽くて安い読書端末が開発されることが期待されている。

2．市場流通の中での書籍・雑誌

（1）商業出版の特徴

財としての特徴　通常，ある商品の消費者への提供は，市場原理によって定まる。しかし，出版物の場合，著作物と対価との関係は単純にはかれない要素がある。

商業出版物を例にとると，他の商品と比較して，出版物は代替性が少なく[1]，多品種・少量生産であり，反復購入は考えにくい[2]，という特徴がある。

出版物は，人によって受ける感動やおもしろさが異なり，「客観的な利得」を検証することは困難である。その場合，客観的な利得ではなく主観的な利得をよりどころに判断することになる。この場合，主観的な利得とは，読んで得ら

1）　商品を購入するときに，Ａという本が欲しかったがそれがなかった場合，Ｂという本を買う，ということはあまりない。食品を例にとれば，みかんがほしかったがなかった場合，りんごに変える，ということで需要が代替できる，という状況を「代替性が高い」という。
2）　Ａという本を一度購入したら，同一の本をもう一冊購入する，ということは個人購入では想定しにくい。

れた感動や知識が相当する。それらを購入時に正確に評価することはかなりむずかしい。

　この不確実性に読者はどのように対処しているかというと，書評や世間での評判，売れ筋ランキングなどが利用されることも多いが，より一般的には「立ち読み」が事前評価のために機能していると考えられ，書店でのブラウジング機能のためにも，書店での少量多品種の出版物の確保が重要視されてきた。

　ところが，もともと，書店店頭でみられるものには，書棚や店舗のスペース上の限界がある。また，本の出版点数が増加している中で，すべての本に読者が出会うことは物理的に不可能になっている。一方，こうした多品種の商品についての新刊情報と在庫情報の流通は，いくつかの改善の取組みが行われながらも，なかなか，全体をカバーするに至っていない。店頭にない本を注文して本が届くまでは2週間くらいかかり，在庫がないことも起こる。読者と書籍を結びつける流通構造は必ずしも円滑には機能していない。

(2) わが国の出版流通

a. 流通構造

　書籍が何らかの物理媒体を伴なう場合，一点一点の商品情報と，その在庫情報，および実際の店頭での販売に至る全体の構造は大変複雑である[1]。2001年現在，出版社は全国に約4,500社で，その約8割が東京に集中している。読者への販売を行う書店は約2万2千店あまりが全国に分布しており，年間に書籍点数7万2千点あまり，雑誌については年間3,500誌あまりが刊行されている[2]。4-5図は出版流通のさまざまなルートを示したものである。そのなかでも，取次―書店のルートは，現在でも出版物全体の6割強を占めており，「正常ルート」「書店ルート」ともいわれる。

　1990年代半ば頃から，ディジタル情報革命の急激な進展に伴ない，出版産業

---

1) 出版流通の課題についてのまとまったレビューとしては，吉田則昭「90年代の出版流通」『出版研究』32号，2002年 pp.23-43. がある。

2) 出版市場の基本的な統計としては，『出版年鑑』（出版ニュース社），『出版指標年報』（全国出版協会出版科学研究所），『情報メディア白書』（電通総研）がある。

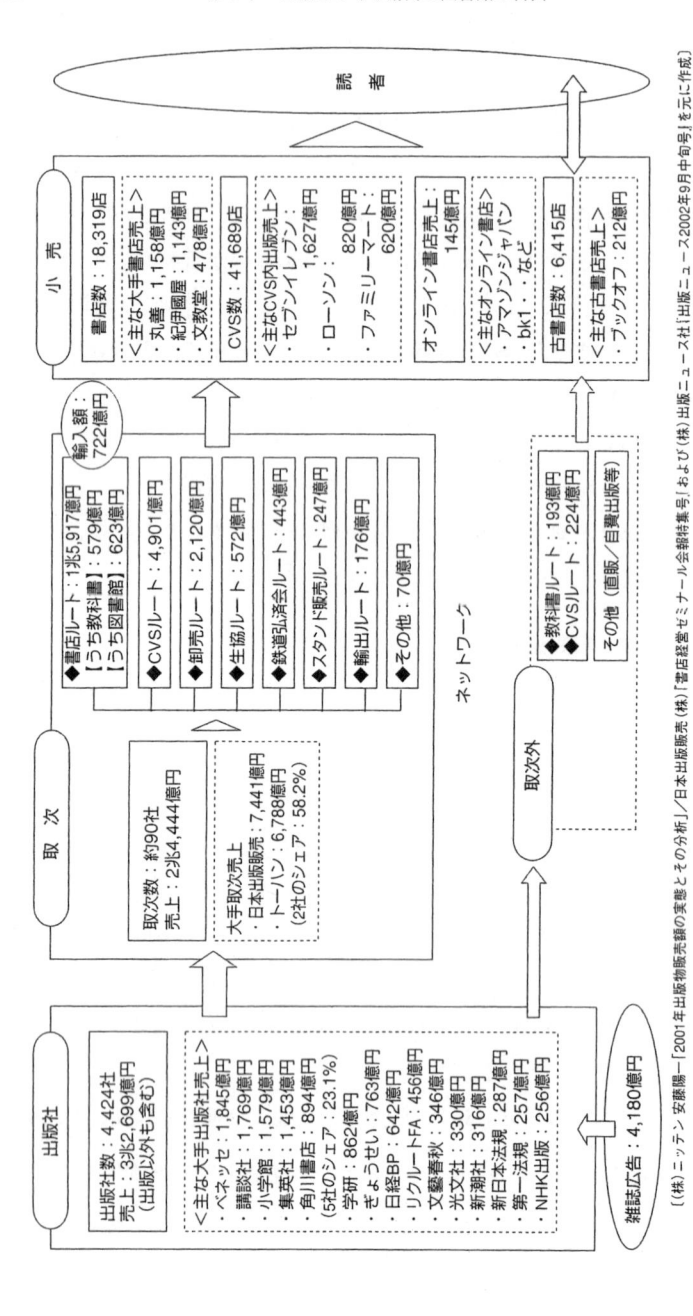

第4章　出版をめぐる動向と図書館の自由

4-5図　出版流通のさまざまなルート

出版社
- 出版社数：4,424社
- 売上：3兆2,699億円（出版以外も含む）

〈主な大手出版社売上〉
- ベネッセ：1,845億円
- 講談社：1,769億円
- 小学館：1,579億円
- 集英社：1,453億円
- 角川書店：894億円
  （5社のシェア：23.1%）
- 学研：862億円
- ぎょうせい：763億円
- 日経BP：642億円
- リクルートFA：456億円
- 文藝春秋：346億円
- 光文社：330億円
- 新潮社：316億円
- 新日本法規：287億円
- 第一法規：257億円
- NHK出版：256億円

雑誌広告：4,180億円

取次
- 取次店数：約90社
- 売上：2兆4,444億円

大手取次売上
- 日本出版販売：7,441億円
- トーハン：6,788億円
  （2社のシェア：58.2%）

ネットワーク

- 書店ルート：1兆5,917億円
  [うち教科書]：579億円
  [うち図書館]：623億円
- CVSルート：4,901億円
- 駅売ルート：2,120億円
- 生協ルート：572億円
- 鉄道弘済会ルート：443億円
- スタンド販売ルート：247億円
- 輸出ルート：176億円
- その他：70億円

輸入額：722億円

取次外
- 教科書ルート：193億円
- CVSルート：224億円
- その他（直販／自費出版等）

小売
- 書店数：18,319店

〈主な大手書店売上〉
- 丸善：1,158億円
- 紀伊國屋：1,143億円
- 文教堂：478億円

- CVS数：41,689店

〈主なCVS内出版販売〉
- セブンイレブン：1,627億円
- ローソン：820億円
- ファミリーマート：620億円

オンライン書店売上：145億円

〈主なオンライン書店〉
- アマゾンジャパン
- bk1　など

- 古書店数：6,415店

〈主な古書店売上〉
- ブックオフ：212億円

読　者

（（株）ニッテン　安藤陽一『2001年出版物販売実績の実態とその分析／日本出版販売（株）「書店経営ゼミナール会報特集号」および（株）出版ニュース2002年9月中旬号』を元に作成）

の構造変化が起こっている。これは，インターネットを利用したオンライン書店をはじめとする新しいチャネルの登場に代表されている。この背景には，出版流通システムとそれに関連した諸システムの制度疲労や『大型小売店舗法』(大店法) の大幅緩和や撤廃[1]を背景にした大型書店の出店と書店業界の再編淘汰問題が指摘されている。また，「著作物再販制度」の見直しも議論されている。

新刊書に近い商品をとりそろえた「新古書店」(ブックオフ) と呼ばれる形態も台頭してきている。また100円ショップでの書籍販売といった新規の要素もある。100円ショップでは独自に辞書，地図，結婚スピーチ集などの実用書，ロマンス小説などを創作し販売している。こうした社会状況の変化の中で，書籍・雑誌の発行部数は，1998年まで増えつづけていたが1999年からやや下降している。また，1997年を境に，実売金額では前年比マイナスに転じた (4-1表)。

b. 取　　次

取次 (とりつぎ) は，取次店とも呼ばれ，出版流通で出版社と書店の中間に位置する，いわば問屋に相当する。わが国の出版流通を特徴的に形づくっているのはこの「取次」である。特徴的なのは，大手取次2社が市場の約6割を占め，小売店への流通ネットワークを確立していることにある。

取次は，小売店の形態によって，「書店ルート」，「コンビニエンスストア・ルート (CVS)」，「卸売りルート」など多彩な流通ルートを形成している。オンライン書店も取次を通した流通形態となっている。

取次流通の変化として，CVSルートの拡大が挙げられる。1986年には「書店ルート」が80%近くを占めていたが，2001年では65%に縮小し，一方，CVSルー

---

1) 『大店法』は，前身を『百貨店法』に発し，1973年に制定され，会社単位の大型店の出店を規制し中小小売店を保護する役割を果たしていた。1990年代に入ると，日米構造協議のなかで，アメリカ側から規制緩和が要請されるようになり，1997年『大店法』は廃止の方向が決定された。2000年6月，『大店立地法』が施行され，『大店法』は廃止となった。『大店法』では，開業の日時，閉店時間，休日日数，売り場面積について規制があったが，『大店立地法』ではこれらの規制はなくなり，交通渋滞，駐車・駐輪，交通安全，騒音・排ガス，廃棄物の5項目について調整が行われる。

4-1表 書籍・雑誌の発行推移

年	新刊点数	書籍 総発行部数 万冊	書籍 実売総金額 万円	雑誌 総発行部数（万冊） 月刊誌	週刊誌	雑誌 実売総金額 万円	書籍・雑誌 総実売金額 前年度比%
1975	22,727	73,320	49,120,147	121,777	112,895	48,820,833	+13.2
1980	27,890	105,850	68,743,224	165,905	135,855	76,672,216	+9.3
1985	31,221	129,948	71,228,397	212,352	168,888	102,951,956	+6.3
1990	40,576	139,381	84,744,611	248,655	200,664	130,217,139	+6.8
1995	58,310	149,778	104,980,900	293,748	217,902	155,521,134	+2.2
1996	60,462	154,421	109,960,105	302,560	218,733	159,840,697	+3.6
1997	62,336	157,354	110,624,583	303,165	219,210	157,255,770	-0.7
1998	63,023	151,532	106,102,706	299,830	217,128	155,620,363	-2.3
1999	62,621	147,441	104,207,760	228,137	209,094	151,274,576	-2.4
2000	65,065	141,986	101,521,126	282,374	205,330	149,723,665	-1.7
2001	71,073	138,578	100,317,446	278,138	201,634	144,126,867	-2.7
2002	74,259	137,331	101,230,388	271,463	196,392	142,461,848	-0.3
2003	75,530	133,486	96,648,566	265,762	187,554	135,151,179	-4.9

［注］「出版年鑑」各年版による。新刊点数以外は、それぞれ推定発行部数、推定実売総金額である。98年から本体価格。

トが4.4%から20%までシェアを拡大した。コンビニエンスストアでの書籍・雑誌販売額は、セブンイレブンがトップで、丸善を上回る規模となっている。

　教科書や新聞の発行が盛んだった明治初期には、書籍は欧米のように出版社と全国の書店との間で直接取引され、雑誌は中央の新聞取次店から地方に送られていた。その後、出版物の増加につれて出版物取次の専業会社が生まれたが、戦時体制下の1941(昭和16)年、政府はすべての出版販売会社を統合し、日本出版配給株式会社（日配）を設立し、あらゆる出版、販売が第二次世界大戦終了まで政府の統制下におかれることになった。

戦後の1949(昭和24)年，日配にGHQから解散命令が下り，日配関係者や出版関係者が協力して新たに九つの販売会社を設立した。現在，総合的に商品を扱うのは，トーハン，日本出版販売（日販），大阪屋，栗田出版販売，日教販，太洋社，中央社，協和出版販売の8社である。

(3) 委託販売制度

委託販売は，小売業に販売を委託する制度で，衣料品などにもみられる形態である。小売業に陳列されている商品の帰属は小売業ではなく製造販売者に属し，売れ残った場合は無条件に返品できる。

出版物の場合，出版社，販売会社，書店の三者で契約し，一定期間内であれば，自由に商品を返品できる制度となっている。書店にとっては，買い切りに比べリスクが少ないので，多種類の出版物を店頭に陳列するなどの積極販売ができる。反面，仕入れが容易になって，販売能力を超える供給をうけ，返品を増大させる危険性もある。

出版物の取引は1870年代には，すでに出版，取次，書店の分業が行われていたが，取引は前金，買い取りを原則としていた。委託販売制については，1907年に，実業の日本社が雑誌『婦人世界』についてはじめて導入した。委託販売制の場合，客の反応を待つことができる。これ以来，委託販売制を採用する雑誌が増え，大正，昭和前期には大衆向け雑誌は，次々に委託販売制となり，戦後は一般書籍も委託販売制を主とするようになった。

現在は，すべての新刊出版物が委託販売制をとっているわけではなく，出版社の方針により，買切制[1]や責任販売制の書籍もあり，専門書などは委託なしで，注文制が多い。

書店での新刊の委託期間は，通常3カ月半（105日）で，別に6カ月の長期委託もある。ほかに，書店と一年契約で店頭におく常備寄託がある。書店では，売れたものは補充する義務がある。雑誌の新刊は特殊な専門雑誌を除いてほと

---

1) 例えば，岩波書店，未来社，医学書の出版社などの新刊は買切制となっており，返品できない。

んどが委託扱いで，期限は週刊誌が45日，月刊誌は60日となっている。ムック，コミックについては返品期限がない。

(4) 再販制度(再販売価格維持契約制度)

再販制度とは，生産者が小売り段階での売値を契約の形で指定できる制度で，結果として，市場の競争性を緩和する効果が期待できる。

出版物では，メーカーである出版社が決めた販売価格（定価）を，取次や書店などの販売先に守ってもらう定価販売制度をとっているが，こうした行為は「独占禁止法」では原則として禁止されている。ただし，「独占禁止法」の第23条で，著作物については，例外として容認されている。

「独占禁止法」は1947(昭和22)年に公布されたが，書籍の定価販売の慣習は当時すでに確立しており，再販売価格維持行為として「独占禁止法」上，問題となる恐れが生じた。定価販売の刊行がみられた著作物について，法規則上，適用除外となることを明らかにしておくことの必要性から，1953(昭和28)年「独占禁止法」において，著作物を適用除外とすることが規定された。この制度により，書籍，雑誌，新聞など，著作物はわが国のどこでも地域差，店舗差がなく同一価格となったのである。

a. 再販制度の弾力的運用

公正取引委員会は，1980年に著作物の再販適用除外の規定について見直しを行い，同年10月からは次の3点が盛り込まれることとなった。
① 出版社の意志で，再販か非再販かを選択できる（部分再販）
② 再販商品には定価を表示する
③ 一定期間後は出版社の意志で再販からはずすことができる（時限再販）

続いて1991年，公正取引委員会の「政府規制等と競争政策に関する研究会」が著作物の再販制度廃止を視野においた見直し案を公表した[1]。その後，規制緩

---

1) 著作物の再販制度存廃に関する約10年間にわたる関係者の激しいやりとりの経過については，五味俊和「出版物再販制度存廃の攻防」『情報の科学と技術』51 (11) pp.565-572 (2001) 参照。

和の流れをうけて，1994(平成6)年から再度検討が行われ，2001(平成13)年3月には，再販制については当面存置とするとともに，再販制度内での一層の弾力的運用の実施が要請されることになった。

　弾力的運用の実際としては，部分再販，時限再販を活用した値引きフェアの実施などがみられる。こうした弾力的運用による価格調節の背景には，多メディア化やインターネットの普及などに代表されるメディア環境の変化をうけて，出版物の価値そのものが変化していること，一般的には，新刊から時間を経るほど出版物の価値は逓減していくこと，出版物価値の変化に対応できない現行制度の硬直性などが指摘されている。

（5）　図書館への流通

　図書館への納入は，通常，一般書店の注文品の場合と同じ流通ルートで処理されている。出版物を一定期間，書店に委託して販売する流通が主流の出版界では，注文方式による物流は補完的な位置付けであった。しかし，注文品の発注・納品（客注）の処理が迅速に進まないと「欲しい本が市場に無い」という事態になる。こうした客注の問題点を回避するため，新刊「見計らい」という方法もとられている。

　現在の書籍流通では，おおよそ初版2,000部の本を全国2万余の書店に配本すると仮定すると，書店全部には新刊書は行き渡らないことになる。また，文芸書については，特約店制度があり，部数の9割は特約店に指定配本される。こうした現実の流通の中で，利用者ニーズにあう資料を選書し，図書館が入手するためには，委託配本部数を決める時期に，いかに必要部数を図書館向けに確保して，図書館向けに流通させるか，ということにかなり注意しなければならない。場合によっては，書店の店頭売りと競合する形で売れ筋の本を確保しなければならないこととなる。

　また，公共図書館の新館準備で，基本的な本を揃えようとしても思うように揃えられないということが起こっている。基本的な全集などが品切れになっていることもある。こうした需要は一般読者の購入要求とは異なるが，出版社で

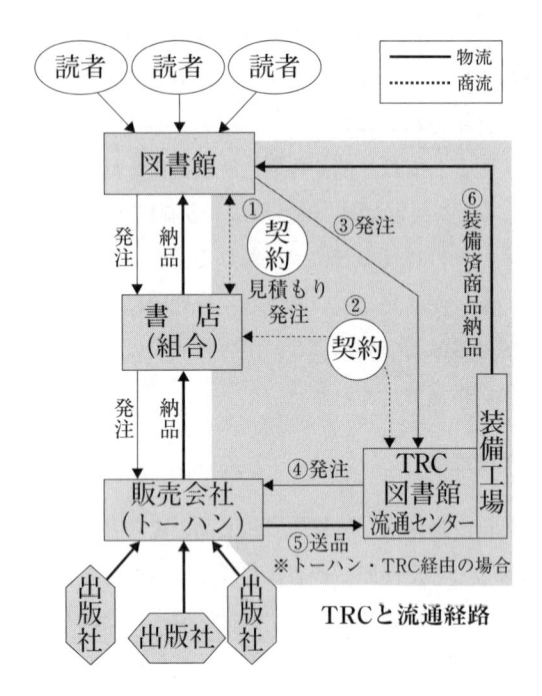

4-6図　公共図書館に本が届くまで

も少量の復刊を行うということはなかなかしにくいのが現実である。
　こうした図書館への書籍納入の問題を一括して処理することで実績を挙げているのが，図書館流通センター（TRC）である。TRCは1979年12月に設立され，図書館向けの新刊書データの作成や書誌データをもとに，1点ずつの単品管理を早くから導入し，図書館への納品業務を1980年代から手がけている[1]。新刊書のデータ見本をもとに書誌データを作成し，1週間分をまとめてカタログ化する。このカタログをもとに図書館の注文を受け，装備や書誌データ提供などの付加サービスも含めた事業を行っている（4-6図）。

1）　尾下千秋：変わる出版流通と図書館　日本エディタースクール出版部　1998　136p.

（6） ネットワークを利用した書籍流通

　最終的には紙媒体の書籍を入手するが，その流通のプロセスで委託販売といった枠組みから離れて行われているものに，オンライン書店（ネット書店），オンデマンド出版がある。いずれの形態も，従来の書店の店頭売りと比べ，個人がパソコンからアクセスして利用することで，個々人の読者のニーズをつかんだワン・ツウ・ワン・マーケティングが可能となっている。

a．オンライン書店（ネット書店）

　インターネットで書籍類を販売するものを「オンライン書店」，「ネット書店」と呼んでいる。既存の書店をリアル書店というのに対する呼び方である。
【ネット書店の特色】
　① インターネット上の書誌データベースにより，自宅や事務所に居ながらにして欲しい本を探すことができる
　② 24時間営業が可能である
　③ 注文品の迅速な受け取りと，受け取り場所の利便性

【ネット書店の課題】
　① 早期発送を実現するための商品在庫の確保
　② システム構築やカスタマー・サポートなどの経費とマージンのバランス
　③ ブラウジングや立ち読みに相当する要素の取り入れ（書評情報との連携）

　すでにサービスを開始している各社の方法をみると，デリバリー方式（配送，引き渡し）には，既存書店渡し，コンビニエンスストア渡し，宅配などがある。また，決算方法には，現金，クレジットカード，電子キャッシュなどがある。

b．オンデマンド出版（on-demand publishing）

　オンデマンドとは，「需要（要求）に応じて」の意で，出版では，書籍や雑誌

のコンテンツ（中身）を電子データ化してコンピュータに蓄積し，読者の注文により該当の著作を印刷・製本し，読者に届ける出版，流通形態をさす。注文をインターネットで受け付け，出来上がった本を注文者に提供するもので，理論的には，物的な在庫も，また絶版もない。専用の印刷機器の使用によりトナー印刷でも高品質の紙面を実現できるようになっている。また，従来のように初期コストを単価に反映させなくてもすむことから，1冊売れるごとに収入があがる仕組みとなっている。

　オンデマンド出版には次の形態がある。

① 「プリント・オンデマンド」：コンテンツ（中身）を紙の本として印刷製本するもの

② 「パッケージ型オンデマンド」：CD-ROM やメモリーカードなどのパソコン用記憶媒体に収めるもの

③ 「ネットワーク型オンデマンド」：インターネットを通じて利用者がパソコンや携帯端末にダウンロードして読むもので，「オンライン出版」，「ネット出版」，Web publishing「電子書店」ともいい，その専業出版社を「ネット出版社」と呼ぶ。

④ 「ネットワーク・パッケージ型混合オンデマンド」：通信衛星を利用して書店やコンビニエンスストアなどの店頭端末に配信，その店頭端末から利用者がミニディスクに収録，これを読書用形態端末で読むもの

　②，③，④のディジタル化されたコンテンツ（中身）を総称して「電子書籍」とも呼んでいる。

c. 電子書籍

　電子書籍は，前述のように，媒体を伴なわないでコンテンツ（中身）だけが流通する方式をさす。実際の出版市場での電子書籍の課題としては，

① 電子化による新規出版企画の可能性

② 本を探す，選ぶ，買う，といった部分のインターフェイスの利便性向上

③ 著作権処理の煩雑さ解消

④ 小額のオンライン決済の利便性向上

⑤ テキストデータで電子化するか，画像ファイルとして電子化するかの提供するファイル形式の選択

などが挙げられる。

　従来の紙媒体の本は元々コンテンツ（中身）とメディア（媒体）が一体になって分離していなかった。CD-ROM の場合にも二つの分離はまだはっきりしたものではなかった。それをコンテンツ（中身）のディジタル化が劇的に変え，本の中身の取り出し方が複数となることが起こりつつある。

　また，この流れと並行して，1980年代から1990年代にかけて，出版業界の収益増加策や読書傾向の変化に伴ない，書籍中心から雑誌中心への販売額傾斜がみられるようになった。これは，紙の出版物を出版することで，読者に情報を定着させる，というストックされる情報の提供ではなく，読み終わったら捨てられたり，リサイクルされるというタイプの，大量配本によるフロー情報の提供が多くなっていったことにもつながった。こうした中で，フロー情報を扱うのに適しているネットワーク環境と出版物のコンテンツ（中身）の親和性が高くなってきていたことも電子書籍登場の背景として指摘されている。

(7) 学術出版

a. 市場における学術出版

　学術情報を出版する行為を「学術出版」と呼ぶ。通常の商業出版での企画と異なり，学問的価値のある資料をどのように報知し，読者に届けるか，ということでは，いくつかの困難を抱えている。マスプロダクション，マスセールスの商業出版物の流通構造が行き詰まっているなかで，採算性が低く市場価値が難しい学術書をどのように公表できるかは，経済性だけでなく，複写のことなどを含めて，学協会，大学出版会などに共通した課題である。

　学術情報の利用はサイクルをなすことが特徴とされ，学術コミュニティに対して発信された情報が次の学術研究につながっていく[1]。そして，学術情報の利

---

1) 上田修一・倉田敬子：情報の発生と伝達　勁草書房　1992　229p.

用者が，また，学術情報の発信者ともなる。こうした特定層に向けて発信される情報の流通ということは，言い換えれば，学術情報の市場が非常に限られているということでもある。

b．シリアル・クライシス（serial crisis）

「シリアル・クライシス」といわれるように，世界的にみて，1980年代から外国雑誌の高騰が進んだ。特に科学技術関係，オランダのエルゼビア社の刊行する雑誌の高騰は，世界的に図書館資料収集での具体的問題となっている。雑誌論文が研究発表の正式の手段とされる科学技術分野では，世界的にみると出版量は年々増大している。しかも欧米の科学雑誌の購読料は高価であり，急激に上昇している[1]。

こうした価格高騰の結果，わが国の大学図書館でも，継続購読が不可能な状況が生まれ，1998年頃からは，資料購入費が増加しているにも関わらず，購読タイトル数が急激に減少するという状況が生まれている[2]。

c．学術出版と電子化

限定された市場である学術出版における，こうした状況への打開策としては，次の二つの方向が模索されている。

① 従来のオフセット印刷では採算がとりにくい少量部数印刷についてオンデマンド出版方式が導入されている。わが国でも大学出版会による博士論文のオンデマンド出版が試みられている[3]。

② 商業出版社を通さずに学術文献を公表する仕組みの構築：SPARC（Scholary Publishing and Academic Resources Coalition），研究成果をアーカイブ

---

1) 1996年から1997年にかけて図書館購読価格は科学技術では10%台の上昇。文学・語学・歴史は4%台という調査がある。2000年の現在でも8-9%上昇が続いている。
2) 安達・根岸・土屋ほか「SPARC/JAPANにみる学術情報の発信と大学図書館」『情報の科学と技術』53(9) pp.429-434 (2003) に詳しい。
3) 関西学院大学出版会や雄松堂などがサービスを行っている。いずれも，博士論文の登録を受け付け，電子化，データベース化し，注文に応じて提供している。

し提供するシステム（研究リポジトリ）の構築，学協会誌を電子的に編集する支援など。わが国では国立情報学研究所（NII）が取り組んでいる。

SPARCは，米国の研究図書館協会（ARL）により，1998年に創設されたもので，商業出版社によって流通している学術情報を研究者自信の手に取り戻す活動をめざしている。具体的には，商業学術雑誌に対抗する代替誌の適正な価格による発行支援や，学術コミュニティ自身による電子的研究成果発信活動支援，研究者に対するSPARC活動の広報宣伝活動などを行っている。2002年には，欧州研究図書館連盟の下にSPARC Europeが組織され，わが国でも，国立情報学研究所が平成15年度から国際学術情報流通基盤整備事業（SPARC/JAPAN）を開始した。

(8) 公貸権論争

a. 公貸権とは

図書館における資料の利用に関連して，書籍の作成に関与した人が何らかの金銭の給付をうけるという制度には，「貸与権」と「公貸権」によるものとがある。図書館における貸出について，貸出対象となる著作物の著作者等の経済的利益を保証するための手段として，「著作権」による対応をしている国は少数で，そのほかの国では，「著作権」ではなく「公貸権」（public lending right）という制度を別に設け，これに対応しているのが一般的である[1]。

公貸権の概念が提唱された歴史は19世紀に遡り，1883年に当時のドイツ作家協会において提唱された。実際に「公貸権」が制度化されたのは，1942年のデンマークにおいてで，1946年に実施された。その後，この制度はノルウエー（1947年），スウェーデン（1955年），フィンランド（1961年）と，北欧諸国で次々と導入され，続いてオランダ（1971年），アイスランド（1972年），ドイツ（1972年），ニュージーランド（1973年），オーストラリア（1974年），オーストリア（1977年），イギリス（1979年），カナダ（1986年），イスラエル（1986年），モーリシャ

---

1) 公貸権の概念と諸外国での展開については，南亮一「公貸権に関する考察—各国における制度の比較を中心に—」『現代の図書館』40(4) pp.215-231, 2002.12参照。

ス（1999年），フランス（2003年）などで導入された。（このうち，ドイツとオーストリアの制度は著作権制度に基づくもので，公貸権に基づくものではない）
　これらの国に共通する特徴として次の点が挙げられる。
　① 公貸権制度が導入されるまでにかなり長い年月を要している。
　② 公貸権は金銭を受領できる権利であり，著作権のような排他的権利ではない。
　③ 著作者の経済的損失の補填という目的よりも，自国文化や文芸の振興を目的として導入されているものがほとんどである。
　図書館における貸出について，「著作権法」による権利によってその経済的利益を確保する仕組みが整備され，かつ，それが実際に動いている国は，ドイツ，オランダ，オーストリア，フランスの4カ国である。（オランダの制度は1995年の「著作権法」改正までは「公貸権」制度によるものであった。）

b．算定方法とその対象：諸外国の導入例

「公貸権」「著作権」どちらの考えに基づくにせよ，図書館資料の貸出に関して，著作者等に金銭を支払うという制度をもつ国について，対象と算定の考え方についてみると，大まかに五つの類型に分かれる。
　① 公共図書館を対象に書籍の貸出数を算定基礎とするもの：イギリス
　② 対象図書館に大学図書館が加わり，対象資料となる書籍の範囲を厳格に定めるもの。各図書館における所蔵冊子数を算定の基礎データとする：ニュージーランド，オーストラリア，カナダ
　③ 対象資料を自国民または自国語で著された書籍に限定するもの。対象資料に音楽資料を含む。予算総額を年間資料費の一定割合により決定する国（フィンランド，デンマーク），貸出回数と所蔵冊数の二つを算定基準として採用する国（スウェーデン，アイスランド）。
　④「著作権法」の中でこの制度を構築するもの：ドイツ，オーストリア，オランダ。対象資料を限定しない，受領資格の譲渡が可能，集中管理団体により金銭の管理がなされている，貸与を行う図書館が支払い義務を負う。

実際にはその設立母体である国または自治体である。
⑤ 登録利用者数に応じた国庫支出と書籍代金の6％から支出するもの：フランス

c. わが国での議論

わが国においては，大部分の書籍及び雑誌については「貸与権」が適用されておらず，残りの部分についても，映画の著作物を除けば，非営利・無料の場合には，自由に貸与することが認められている[1]。

しかし出版物の販売が減少することで，公共図書館での貸出への批判が行われ，「公貸権」導入の提案が顕在化している[2]。この状況をうけて，公共図書館での貸出タイトルと，図書館でのベストセラーの提供率の調査が行われ，その結果，図書館は書店と違い，長期にわたって図書を提供していることが裏付けられた[3]。

しかし，個人が商店で購入する場合と同じ価格で図書館が購入した本を，不特定多数を対象に繰り返し貸し出すことへの補償金をどう取り扱うかについては，現実を見据えて取り組む必要がある。本は雑誌と並んで出版市場のかなり大きな部分を構成しており，大半は出版直後の数カ月に購入されるかどうかで採算がとれるかどうかが決まる商品という側面をもっている。出版流通の改善の余地もあり，図書館設置率，書店分布の不均衡，地方への配本減などの問題をも視野に入れ，図書館は出版市場との均衡を図りながら出版文化を育んでいくことが必要である。

---

1) 「著作権法」附則第4条の2が廃止され，これまで第26条の3に規定されている「貸与権」の適用対象外であった書籍・雑誌に，権利が付与されることとなった。(2004年6月3日成立，2005年1月1日実施)
2) 2002年6月，日本文芸家協会が公共貸与権の実現を要望。これをうけて，2002年9月，文化審議会法制問題小委員会で，書籍等の貸出を対象とした補償金制度導入の方向性について検討したが，基本的に反対はなかった。その経過については，酒川玲子「著作権の権利制限の見直しをめぐる状況―「図書館等における著作物等の利用に関する検討結果」の報告」『図書館雑誌』97(1) pp. 48-56　2003.1　参照。
3) 日本図書館協会と日本書籍出版協会とが共同で行った『公立図書館貸出実態調査（平成15年7月）報告書』(2003年10月, 28p.)に詳しい。

3．「知る自由」と「図書館の自由」

（1）「図書館の自由」という概念

a．「知る自由」と「図書館の自由」

　図書館は資料・情報を収集し，これを利用者に提供する機関である。こうした図書館の諸活動は検閲や思想統制などの強制力から「自由」である必要がある。利用者の「知る自由」を保障する図書館活動を行うために必要な要素としては，次のことが挙げられる。

① 利用者の要求を満たせる資料を図書館が自由に収集し，提供できること
② それに専念する図書館員の身分が守られること
③ 図書館利用における読者のプライバシーが守られること

こうした要素を「図書館の自由」という概念で包括している。

　アメリカでは，図書館と利用者の知的自由を守るための基本方針として，アメリカ図書館協会評議会が「図書館の権利宣言」（Library Bill of Rights）[1]を採択している。これは1939年にナチスの焚書(ふんしょ)や国内での反理性的な図書攻撃に抵抗する指針として採択されたもので，1948年，1967年，1980年に改訂されている。この宣言は次の6項目からなっている。

① 著者を理由とする資料排除の禁止
② 党派・主義を理由とする資料排除の禁止
③ 検閲の拒否
④ 表現の自由や思想の抑圧に対する抵抗者との協力
⑤ 図書館の利用に関する個人の権利の平等な保障
⑥ 展示空間や集会室の公平な利用

1）「図書館憲章」とも訳される。この宣言の解釈及び解説は，日本図書館協会・図書館の自由に関する調査委員会編『図書館の原則　新版：図書館における知的自由マニュアル（第5版）』日本図書館協会　（図書館と自由　第15集）1997参照。

b.「図書館の自由に関する宣言」

図書館は，自らの責任において資料の選択を行い，収集した資料を利用に供する。資料収集を制約するような検閲をはじめ，権力の介入や，個人・団体などからの圧力や干渉などにより，資料収集や資料提供の自由を放棄したり，紛を恐れて自己規制することは，図書館の本来の姿ではない。

わが国における「図書館の自由」は，1954年5月の全国図書館大会で「図書館の自由に関する宣言」として発表され，次の3項目が掲げられた。

 1．図書館は資料収集の自由を有する
 2．図書館は資料提供の自由を有する
 3．図書館はすべての不当な検閲に反対する

その後，1979年5月の日本図書館協会総会で1979年改訂版が承認され，主文に「図書館は利用者の秘密を守る」が追加されるとともに，複文も改訂追加された[1]。

この「宣言」と対をなすものとして，1980年6月，日本図書館協会は「図書館員の倫理綱領」を採択し，「宣言」によって示された図書館の社会的責任を自覚し，図書館員が自らの職責を遂行していくための自立的規範を定めた[2]。

「宣言」の副文で，「図書館の自由に関する原則はすべての図書館に原則的に妥当する」と記されているように，公共図書館，大学図書館，専門図書館，学校図書館など，図書館という機関において総合的に共通する規範として位置づけられている。

c.「図書館の自由」にもとづく問題解決

図書館は主に出版界がつくりだした表現物を対象に，評価，選択・収集し，利用者の求めに応じて提供するが，個別の資料がどのような主張を含んでいても，それを図書館ないし図書館員が支持している，ということを意味しない。

---

1) 日本図書館協会・図書館の自由に関する調査委員会編：図書館の自由に関する宣言1979改訂解説　日本図書館協会　1987　66 p.
2) 日本図書館協会・図書館員の問題調査研究委員会編：「図書館員の倫理綱領」解説　増補版　日本図書館協会　2002　88 p.

図書館は「市民の知る権利」の保障機関であって，何らかの権威ではない。

「図書館の自由」に関する問題の解決には一律の答というものはないといってよい。民主主義社会は，人々が必要な情報を確実に入手でき，自己の意見を自由に表明し，それらの情報を使って適切な社会活動をすることが可能な社会環境を整備することから始まる。

憲法に定められた国民の権利を基本にして，これまで図書館界のなかで議論を重ねて得られた共通の認識が「図書館の自由に関する宣言」に表明されているのであり，具体的な事例に直面して，それぞれの図書館の目的，性格，主たる利用者，とりまく状況，職員の経験などによって，得られる結論に違いが出ることはむしろ当然といえる。

1983年6月22日の最高裁大法廷は「新聞紙，図書等の閲読の自由が憲法上保障されるべきことは，思想及び良心の自由の不可侵を定めた憲法第19条の規定や，表現の自由を保障した憲法第21条の規定の趣旨，目的から，いわばその派生原理として当然に導かれるところであり，また，すべての国民は個人として尊重される旨を定めた憲法第13条の規定の趣旨に添うゆえんでもあると考えられる」として，表現の自由が読書の自由や情報思想の受容の自由を含むものであることを示した。「知る自由」という概念はこうした受け手の権利をとらえたものである。

いずれにしても，図書館が出した結論については，図書館が利用者に対して説明責任を持つことは銘記されなければならない。

（2）「図書館の自由」と市場における出版との関係

a.「表現の自由」と「知る自由」

憲法第21条では「言論，出版その他一切の表現の自由はこれを保障する」と規定されている。ここで規定されている表現の自由の中に，受け手が情報を求め，受ける自由を含むものとする理解が定着している[1]。

---

1) 日本図書館協会・図書館の自由に関する調査委員会編：図書館の自由に関する事例33選　日本図書館協会（図書館と自由　第14集）1997　262p.

b. 出版流通構造と「知る自由」

「知る自由」を含む概念としての「表現の自由」は，人々が情報を自由に受けたり，相互に送りあうことができる環境にあることを前提にしている。

現在の環境をみると，送り手によって生産され，多様化したチャネルから送り出される情報がぼう大にあり，その中から必要なものを受け手が容易に取り出すことができない状況が急速に進展している。出版されても，読者はその全体を通覧出来るシステムがなく，求める出版物を探し出すことは大変むずかしい。出版流通の構造的な問題点が顕在化し，身近な書店で読みたい本を探す，という基本的な行動では求める本がなかなか見つからないし，入手できない。

こうした現状のなかで，図書館は出版物の収集・提供を通じて，著者や情報の送り手の表現物を提供する場としての役割が期待されているとともに，その具体的活動に社会的な期待が集まっている。

また，出版物についての読者の声がなかなか送り手である著者や出版社に届かない現状で，図書館と図書館員が受け手の意見・クレームなどを送り手に投げ返す役割を担うことも表現の場としての図書館の役割ととらえていくことができる。

c. 出版内容と「図書館の自由」

資料の収集に中立的でなければならない，ということの具体化は，「中立的な意見の本ばかり集める」ということではない。対立する意見があれば，原資料，賛成意見，反対意見をそれぞれ集めて利用者が自由に判断を下せるようにすることがその実現をはかるアプローチとなる。

しかし一方で，読者ニーズを資料収集の主たる拠り所とする資料選択論が一般化し，その対象である出版物そのものの内容が，出版物の属性として認められうる多様性の幅を超えて，社会的な公正や正義，人の尊厳に直接かかわるような内容に及ぶ場合，つまり，それを作り出した側の人権感覚や倫理性が問われるようなものである場合，そうした出版物を収集し，提供することの責任が図書館にとって全く無縁と言いきれるのかどうか，という問題がある。

この問題の背景には，1990年代初頭から，人に不快感をもたらしたり，差別の助長をあおるような表現を法的に規制する立法例が諸外国でみられることが挙げられる。例えば，1990年のフランス国民議会は，反人種差別政策をより強化し，「第二次世界大戦中のユダヤ人大量虐殺の真実を問題にする」といった極右活動家たちの間にみられる歴史的傾向も禁止した。また，オーストリアでは，1992年，「印刷物，電波及びその他の媒体を用いて，ナチスの大虐殺，又はその他のナチス犯罪を否定したり，著しく過小評価したり，賞賛したり，又は正当化したりすること」が犯罪となることを提案した。デンマークでは，「市民権法」で人種，宗教，民族的背景，性的嗜好によって，人を公然と脅迫，侮辱，軽蔑することを禁じている。

　出版される資料の質と利用者ニーズの間で，過度な商業主義や興味本位の記事など，ジャーナリズムの倫理性が問われる事例もあり[1]，出版物の質に責任を負うのは誰か，また，出版物の質はどのようなシステムによって維持されうるのか，という問題は，1990年代後半以来続く出版不況との関連のなかで，図書館のコレクション構築にあたっての大きな外部要素となっている。

d．流通市場での自主規制とコレクション構築

　1997年の神戸少年事件の報道の際には，事件を報道した週刊誌『フォーカス』，『週刊新潮』，『新潮45』などの販売方針が全国の書店でいろいろに分かれた[2]。雑誌として通常どおり販売したケース，当該号の店頭販売の自粛や流通業界での自主規制を行ったケース，他店からの返品を活用して，通常部数よりも積極的に販売した例などもある。こうした小売り段階での対応の差は図書館への納品にも影響を与え，定期購入している図書館に対しても当該号の納品を拒否する例が見られた。

---

1) ベストセラーになった書籍が各自治体の青少年保護条例等で有害図書類の指定を受けた事例として，『完全自殺マニュアル』（1993年刊）がある。
2) 日本図書館協会図書館の自由に関する調査委員会編『表現の自由と「図書館の自由」』日本図書館協会（図書館と自由 第16集）2000年，に「第2章　神戸児童殺傷事件報道を巡る図書館の反応」がまとめられている。pp.28-72所収。

このように，現在の出版流通機構のなかでは，図書館に資料が届くまでの出版物流通は絶対的に保障されたものではなく，現状では，あくまで商行為としての流通機構に委ねられたものであることも示された。

また，コンビニエンスストアや駅書店，全国チェーン店を展開する書店等での全国的・組織的な販売自粛は，一定の度合いをすぎると「表現の自由」への一方的な規制や公的規制誘導をもたらす危険性があるとの指摘もみられた。

(3) インターネット資源と「知る自由」

a. インターネットへのアクセスの選択とコレクション構築

わが国の図書館においても，インターネットの情報資源はこれからの利用者サービスに欠かせない領域となってきている。インターネット資源の図書館での一般提供に関連して，フィルターソフトの使用問題が，「知る自由」の観点から検討される必要が指摘されている。

b. 電子情報，サービス，ネットワークへのアクセス

公共図書館でのインターネット資源公開が先行しているアメリカでは次のような論点を見ることができる。

1994年頃から利用者用のインターネット端末の配置が進み，1999年6月には各固定施設単位でみて80％を越えた。公共図書館での配置が進むにつれて，1994年頃から図書館でインターネットをどのように扱うかについて二つのアプローチがとられた。一つは，当時のクリントン政権の全国情報基盤に公共図書館がどのように関わるのか，といった方針的なアプローチであり，もう一つは，現実的に利用者にインターネットをどのように提供するか，という実際面でのアプローチである。この二つの方向に応える形で，インターネットを中心とする電子情報を図書館としてどのように把握すべきなのか，という基本的な立場の表明が期待されるようになった。これを受けて，アメリカ図書館協会（ALA）は，1996年，「図書館の権利宣言」の解説文「電子情報，サービス，ネットワークへのアクセス」を採択し，電子情報に関する基本的立場を明らかにした。こ

の解説文では，電子情報の提供を主張するとともに，従来の図書館サービスと同じ扱いを指示した[1]。

1996年頃には，利用者用インターネット端末は公共図書館で急速に普及していった。そのためインターネット自体の提供を否定する図書館はまずないと言ってよく，重要で不可欠な情報源であり，参考資料源としてとらえ，積極的に提供する姿勢が大勢を占めていた。しかし，無制限のインターネット利用をめぐっては，現実面では批判もあり，フィルターソフトの導入について意見が分かれるところであった。こうした状況のなかで，ALAは一貫してフィルターソフトの導入に反対の見解を示している。

1997年，評議会で「図書館のフィルターソフトの使用に関する決議」を採択，それを受けてALA知的自由委員会は「図書館でのフィルターソフトの使用に関する声明」（1997年），「問答集」（1997年初版），「公立図書館でのインターネット利用方針を作成する指針と考察」（1998年）を発表した。

c．インターネット情報のフィルターソフトと「資料選択」

インターネット情報のフィルターソフトは図書館資料の選択にあたるか，という命題についても議論されている。

ALAの基本方針を受けて，実際の具体的運用段階では，各館での取り扱いは一律ではない。1998年の調査によれば，フィルターソフトを「導入せず」85.3％，「すべての端末に導入」7.6％，「いくつかの端末に導入」7.0％となっている。

実際の係争例にみる論点として，フィルターソフト導入を妥当とする側は，フィルターソフトの導入は図書館の資料選択と類似するもので，各サイトは実質的にはさまざまな資料（ファイル）を有するので，図書館がどのサイトやファイルを「選択」して提供するかは，従来の図書選択と同じように図書館の裁量

---

[1] アメリカ図書館協会（ALA）の『図書館の権利宣言解説文』の「電子情報，サービス，ネットワークへのアクセス」の日本語訳は，日本図書館協会・図書館の自由に関する調査委員会編『図書館の原則　新版：図書館における知的自由マニュアル（第5版）』日本図書館協会　（図書館と自由　第15集）1997　pp. 402-405 所収。

下にあると主張し，サイトやファイルの拒否は検閲には当たらない，と主張している。

一方，フィルターソフトの導入を違法とする側は，インターネットに接続することで，図書館はインターネット上のすべての資料や情報を「購入した」ととらえるべきで，フィルターソフトは書架上の百科事典から部分的に削除を行っている行為に相当する，と例示して反論した。

現時点の到達点としては，フィルターソフトは，チャイルドポルノなどのサイトへのアクセスを制御するために導入が検討されることがあるが，制御をかける対象のサイトの選択は，ソフトを作成している私企業に委ねられており，その主体が図書館にないことから，資料の選択と同義とすることはむずかしい，という判断傾向にある。

わが国では，「インターネット資源を図書館資料の範疇としてとらえるか」，という視点から議論が行われているが，基本的にアメリカでは，裁判での係争を通じて，公共図書館は思想や情報へのアクセスを誰に対しても保障する公共的な「場」（パブリック・フォーラム）である（文字コミュニケーションを目的とするという制限はあるが），という位置づけが1990年前後に確認されてきた。つまり，公共図書館は資料や情報へのアクセスを保障する場，資料や情報の行き交う場として把握されており，形態などによって図書館資料の範囲を検討する，といったアプローチではない。インターネット上の資源の技術的な特性上，提供する幅を「拡大」することではなく「縮小」することには資金，時間，エネルギーが必要となる，ということが特性として挙げられるため，今後のわが国の展開においても示唆するところは多い[1]。

---

1) アメリカにおける公共図書館のインターネット導入とフィルターソフトなどをはじめとする電子資料への図書館界の対応については，川崎良孝・高鍬裕樹『図書館・インターネット・知的自由：アメリカ公立図書館の思想と実践』京都大学図書館情報学研究会　2000　207p. を参照。

参考文献

本書の理解を一歩深めるために，興味深く読める図書として，以下のものを薦めたい。

＊電子出版やオンライン出版など，出版メディアのゆくえに関するもの

　　『本の未来はどうなるか──新しい記憶技術の時代へ』(中公新書1562) 歌田明弘著　中央公論新社　2000　227p.

　　『デジタル時代の出版メディア』湯浅俊彦著　ポット出版　2000　199p.

　　『本は変わる！印刷情報文化論』中西秀彦著　東京創元社　2003　209p.

＊学術図書館における電子ジャーナル問題に関するもの

　　『電子ジャーナルで図書館が変わる』土屋俊ほか著　丸善　2003　104p.

＊複本問題と公共貸与権に関するもの

　　『図書館への私の提言』三田誠広著　勁草書房　2003　219p.

＊インターネット利用とフィルターソフトに関するもの

　　『図書館・インターネット・知的自由──アメリカ公立図書館の思想と実践』川崎良孝・高鍬裕樹著　京都大学図書館情報学研究会　2000　207p.

＊文書館資料に関するもの

　　『アーカイブ事典』小川千代子ほか編著　大阪大学出版会　2003　318p.

＊その他

　　『文字と書物──世界の文字と書物の歴史を探る』カレン・ブルックフィールド著，ローレンス・ポーズ写真，浅葉克己日本語版監修　同朋舎出版　1994.

　　『グーテンベルク』戸叶勝也著　清水書院　1997.

　　『電子図書館──デジタル情報の流通と図書館の未来』日本図書館情報学会研究委員会編　勉誠出版　2001.

　　『逐次刊行物』光斎重治・中嶋正夫編　日本図書館協会　1986.

　　『マイクロ資料論』服部一敏著　全国学校図書館協議会　1984.

　　『地域資料入門』三多摩郷土資料研究会編　根本彰ほか著　日本図書館協会　1999.

　　『コレクションの形成と管理』三浦逸雄・根本彰著　雄山閣　1993.

　　『蔵書構成と図書選択』新版　河井弘志編　日本図書館協会　1992.

『図書館資料の保存とその対策』日本図書館学会研究委員会編　日外アソシエーツ　1985.

『図書館サービスの測定と評価』森耕一編　日本図書館協会　1985.

『図書館サービスの評価』F.W.ランカスター著，中村倫子・三輪眞木子訳　丸善　1991.

『収集方針と図書館の自由』図書館の自由に関する調査委員会編　日本図書館協会　1989.

『図書館の自由に関する事例33選』図書館の自由に関する調査委員会編　日本図書館協会　1997.

＊ハンドブック，用語辞典

『図書館情報学ハンドブック』第2版　丸善　1999　1145p.

『図書館情報学用語辞典』第2版　日本図書館情報学会用語辞典編集委員会編　丸善　2002　273p.

さくいん

あ

青空文庫 150
アパーチュアカード 36, 37
アメリカ議会図書館 47
アメリカ国立医学図書館 47
アメリカ図書館協会 168, 173

い

移管 139
委託販売制度 157
異本 4
インキュナブラ 11
印刷術 11
インターネット 17, 19, 58, 173
インターネット・アーカイビング 119, 142
インターネット資源選択的蓄積実験事業 19
インパクトファクター 82
インフォメーション・ファイル 32

う

ウィーディング 138
ウェブ・アーカイビング →インターネット・アーカイビングも参照 22

ヴェラム 7
受入印 108

え

影印本 139
映画フィルム 41, 43
英国図書館の文献提供センター 85
映像資料 41
エキスパンドブック 149
エルゼビア 164

お

大(型)活字本 49
大型小売店舗法（大店法） 155
オープンファイル 32
オーラル・ヒストリー 44
オフセット印刷 146, 164
折り本 10
音声・音響資料 42
オンデマンド印刷 146, 148, 161, 164
オンライン出版 17, 46, 162
オンライン書店 155, 161

か

買切制 157
外国雑誌センター 84
学術出版 163
拡大写本 49
拡大図書 49

貸出サービス指数 133
貸出統計 132
貸出密度 133
価値の目的と種類 122
価値論 76, 79
活版印刷 11
紙芝居 41, 43
紙媒体保存 115
簡易視覚資料 41, 43
官公庁刊行物 50
官公庁出版物寄託図書館 103
巻子本 9, 10
官庁統計 52

き

寄贈 101
寄託 103
寄託図書館 53
紀要 28
行政（政策）評価 138
郷土資料 55～57
記録情報 3, 15, 17

く

グーテンベルク 11
楔形文字 5, 6, 7

け

継続発注 106
携帯情報端末 150
携帯端末 161

さくいん

研究図書館協会　165
研究リポジトリ　165
検収　106
顕示要求　77～79

こ

コアジャーナル　69
交換　102
公共貸与権　167
甲骨文字　6
公正取引委員会　158
公貸権　164
顧客満足　138
国際学術情報流通基盤整備
　事業　165
国際交換　102
国文学研究資料館　38
国立国会図書館
　　　　38, 99, 102, 103
国立情報学研究所
　　　　46, 104, 165
コデックス　10
コミュニケーション革命
　　　　4, 17
コレクション　59
コレクション更新　138
コレクション構成館種別特
　徴　63
コレクション構築　60
コレクション構築影響因
　　　　61
コレクション構築プロセス
　　　　64
コレクション中心評価法

　　　　128
コンテンツホルダー　150
コンビニエンスストア・
　ルート　155
コンピュータ組版システム
　　　　13

さ

サーモフォーム図書　48
再販売価格維持契約制度
　　　　157
蔡倫　8
雑誌　27
さわる絵本　48
酸性紙　38, 116

し，す

CVSルート　154
シェルフ・リーディング
　　　　120
時限再販　158
視聴覚障害者用資料　48
視聴覚資料　13, 20, 97
視聴覚センター　43
視聴覚ライブラリー　43
自動出納システム　112
写真　41, 43
住民図書館　32
出版社シリーズ　25
出版のプロセス　144
出版流通ルート　153, 154
商業出版　152
情報探索行動　77
情報要求　77

除架　138
書架の種類　112
書庫管理　120
書誌ユーティリティ　104
除籍　139
シリアル・クライシス　164
資料収集方針　71, 102
資料収集のプロセス　101
資料選択　70
資料選択情報源　88
資料選択体制・組織　86
資料入手の方法　101
資料の蓄積・保管のプロセ
　ス　107
資料の取り扱い方　117
資料の老化　70, 133
知る自由　168～171, 173
新古書店　155
新聞　29
スライド　41, 43

せ

制限的要求論　76
政府刊行物　50, 100
政府刊行物サービスステー
　ション　54
政府刊行物サービスセン
　ター　54
政府刊行物普及協議会　50
製本　110
楔形文字　5, 6, 7
全国視覚障害者用情報提供
　施設協会　49
全国視聴覚教育連盟　44

全国書誌　90, 94
潜在要求　77～79
全米収書目録計画　84

そ

蔵書印　108
蔵書回転率　133
蔵書新鮮度　129
蔵書成長率　129
蔵書点検　121
蔵書密度　129
装備　107

た

大店法　155
大店立地法　154
貸与権　165, 167
脱酸処理　116

ち

地域資料　44, 55
チェックリスト法　129
逐次刊行物　25
竹簡　8, 9
地方・小出版流通センター　101
地方行政資料　55～57
地方自治法　53
「中小都市における公共図書館の運営」（通称：中小レポート）　55, 56, 76
超マイクロフィッシュ　35
著作権法　44, 49, 165

つ, て

都度（つど）発注　106
定価販売制度　158
定期刊行物　27
ディジタル媒体保存　119
ディテクション・テープ　107
定本　4
テクニカル・レポート　39
テクニカルサービス　1
デスクトップ・パブリッシング　13, 147
電子ジャーナル　29, 47, 86, 101
電子出版　14, 148
電子出版物　45
電子書籍　149, 162
電子書店　162
点字資料　14, 48
電子資料　24
電子百科事典　149
電子ブック　46
電子ペーパー　151
点訳図書　48

と

ドイツ作家協会　165
東京国立近代美術館フィルムセンター　43
陶本　7
登録　106
独占禁止法　158
犢皮紙　7

特約店制度　159
図書　23
図書館員の倫理綱領　169
図書館コレクション　59
図書館の権利宣言　168, 173
図書館の自由　168～171
図書館の自由に関する宣言　72, 73, 168, 179
図書館パフォーマンス指標　137
図書館法　42, 53, 55
図書館流通センター　160
図書収集ガイドライン　73
図書の短書　24
トナー印刷　162
トランスペアレンシー　41
取次　155
取次会社　89
取次店　155

な, に

ないーぶネット　49
日本医学図書館協会　102
日本図書館協会　169
日本文芸家協会　166

ね, の

ネット出版　162
ネット出版社　162
ネット書店　161
ネットワーク型オンデマンド　162

さくいん　　　　　　　　　　　　　181

ネットワーク系電子資料　141
ネットワーク系電子メディア　14, 17
ネットワーク出版　150
ネットワーク情報資源　17～19, 22, 46～47
ネットワーク・パッケージ型混合オンデマンド　162
年鑑　30
粘土板　7
納本制度　103

は

バーチカル・ファイリング　32
パーチメント　7
灰色文献　32, 53, 65
排架　111
排架方式　113
廃棄　139
貝多羅葉　7, 9
貝多羅葉本　10
博物館資料　16, 20
博物館的資料　16
パッケージ型オンデマンド　162
パッケージ系電子出版物　44
パッケージ系電子資料　141
パッケージ系電子メディア　14
発注　106

パピルス　7, 9
パブリックサービス　1
販売書誌　90, 94
パンフレット　31

ひ

ヒエログリフ　6, 7
非記録情報　3
ビデオディスク　41
ビデオテープ　41
日野市図書館市政図書室　33
百万塔陀羅尼経　11
評価指標の標準化　137
評価の手順　126
表現の自由　170, 171

ふ

ファーミントン・プラン　84
ファイリング・システム　32
フィクション論争　76
フィルターソフト　19, 174
フィルムストリップ　41
複製絵画　41, 43
複本　139
ブックディテクション・システム　107
復刻本　140
不定期刊行物　27
部分再販　158
不要資料選択　138
不要資料の選別　134

ブラウジング　85
ブラッドフォードの法則　69
ブランケットオーダー　106
プリント・オンデマンド　146, 149, 162
文書館　16, 20, 57, 58
文書館資料　16
分担収集　84
分担保存　115

へ，ほ

ヘインズ　79
ヘインズの一般図書評価法　80
ボイジャー・ジャパン　149
法政大学大原社会問題研究所　43
補修　109
ポスター　41
翻刻本　139

ま

マイクロ（化）資料　34
マイクロオペーク　34
マイクロ写真　14
マイクロ出版　36
マイクロフィッシュ　35, 37
マイクロフィルム　34
前川恒雄　81
マクロ資料　34

み〜も

見はからい　101, 159
ムック　27, 158
メディアセンター　20
メディア変換　14, 139
メドラインプラス　47
木版印刷　11
木簡　8, 9
モノグラフ・シリーズ　25
文書館　16, 20, 57, 58

よ

要求論　76
羊皮紙　7
揺籃期本　11

り, ろ

リアル書店　160
リークサービス　46
リーダー　34
リーダープリンタ　34, 37
リーフレット　31
リプリント　140

利用可能性の調査　135
利用研究　132
利用者研究　132
利用者中心評価法　132
利用者調査　137
リンクサービス　19, 22
老化　134
ロールフィルム　34, 37

わ

ワンソース・マルチユース　147

欧文さくいん

A　ALA 知的自由委員会　174
　　American Memory Project　47
B　BLDSC　85
C　CD　43
　　CD-ROM　44, 45, 98
　　collection development　61
　　collection management　61
　　COM　38
　　CTP　147
　　CTS　13
　　CVS ルート　155
D　DTP　13, 147
　　DVD　41, 43
　　DVD-ROM　44, 45
　　IC チップ　122
I　inventory　120
J　JAPAN MARC　104

Journal Citation Reports（*JCR*）　130, 135
N　NACSIS CAT　104
　　NACSIS ILL　104
　　NPAC　84
O　OCLC　104
　　OHP シート　41
　　OPAC　46
P　PDA　150
　　public lending right　165
R　RLG　104
　　RLG コンスペクタス　79
S　SPARC　47, 163
　　SPARC Europe　165
　　SPARC/JAPAN　165
T　TRC　160
　　TRC MARC　104
　　T-Time　149

U UKMARC 104
USMARC 104

W WAP 19
Web publising 162

シリーズ監修者

高山正也（たかやま まさや）　国立公文書館館長　慶應義塾大学名誉教授

植松貞夫（うえまつ さだお）　筑波大学教授

執筆者

平野　英俊（ひらの・ひでとし）
- 1949　福井市に生まれる
- 1971　東京大学教育学部教育行政学科卒業
- 1976　東京大学大学院教育学研究科博士課程単位取得満期退学
  （社会教育学専攻，図書館学）
  東京大学教育学部助手，日本大学文理学部専任講師，助教授を経て
- 現在　日本大学文理学部教授
- 主著　『世界の公立図書館』（共著）全国学校図書館協議会，『図書館ハンドブック第5版』（共著）日本図書館協会，『図書館情報学ハンドブック第2版』（共著）丸善，『川崎市中央図書館基本計画報告書』（2003）

岸　美雪（きし・みゆき）
- 1959　東京都大田区に生まれる
- 1981　上智大学文学部史学科卒業
- 1985　上智大学大学院文学研究科博士前期課程修了
- 1985　国立国会図書館入館
  国立国会図書館総務部企画・協力課電子情報企画室主査を経て
- 現在　国際子ども図書館資料情報課長
- 主著　『講座 図書館の理論と実際 第4巻 主題情報へのアプローチ』（共著）雄山閣出版，『情報アクセスのすべて』（共編）日本図書館協会，『国立国会図書館のしごと』（共編）日外アソシエーツ

岸田和明（きしだ・かずあき）
- 1964　東京都三鷹市に生まれる
- 1987　慶應義塾大学文学部図書館・情報学科卒業
- 1991　慶應義塾大学大学院文学研究科図書館・情報学専攻博士課程中退，図書館情報大学図書館情報学部助手，駿河台大学文化情報学部教授を経て
- 現在　慶應義塾大学文学部教授
- 主著　『図書館・情報センターの経営』（共著）勁草書房，『情報検索研究：認知的アプローチ』（共訳）トッパン，『改訂図書館経営論』（共著）樹村房

村上篤太郎（むらかみ・とくたろう）
- 1959　名古屋市に生まれる
- 1981　南山大学文学部教育学科卒業
  南山大学図書館，慶應義塾大学医学情報センター勤務を経て，慶應義塾大学湘南藤沢メディアセンター在職時に
- 1994　慶應義塾大学大学院文学研究科図書館・情報学専攻修士課程委託研究生修了
  慶應義塾大学三田メディアセンター課長を経て
- 現在　慶應義塾大学湘南藤沢事務室看護医療学部担当課長
- 主著　『データベース利用教育ガイド：大学におけるデータベース利用教育システムのプロトタイプ作成』（共著）日外アソシエーツ，『図書館情報学用語辞典』（共著）丸善

新・図書館学シリーズ 7

改訂図書館資料論

平成10年 3 月20日	初版発行
平成15年 2 月25日	第 7 刷
平成16年 3 月15日	改訂第 1 刷
平成24年 2 月20日	改訂第 9 刷

著者Ⓒ　平　野　英　俊（編集）
　　　　岸　　　美　雪
　　　　岸　田　和　明
　　　　村　上　篤太郎

検印廃止　　発行者　大　塚　栄　一

発行所　株式会社 樹村房 JUSONBO

〒112-0002　東京都文京区小石川 5 丁目11番 7 号
電話　東京 (03) 3868-7321㈹
FAX　東京 (03) 6801 - 5202
http://www.jusonbo.co.jp/
振替口座　00190-3-93169

製版印刷・亜細亜印刷／製本・愛千製本

ISBN978-4-88367-079-6
乱丁・落丁本はお取り替えいたします。

樹村房

高山正也
植松貞夫　監修　**新・図書館学シリーズ**

＊は編集責任者　　（A5判）

①改訂 図書館概論	＊植松　貞夫　寺田　光孝　薬袋　秀樹	志保田　務　永田　治樹　森山　光良	1,995円（税込）
②改訂 図書館経営論	＊高山　正也　岸田　和明　村田　文生	加藤　修子　田窪　直規	1,995円（税込）
③改訂 図書館サービス論	＊高山　正也　斎藤　泰則　宮部　頼子	池内　淳　阪田　蓉子	1,995円（税込）
④改訂 情報サービス概説	＊渋谷　嘉彦　杉江　典子	大庭　一郎　梁瀬　三千代	1,995円（税込）
⑤改訂 レファレンスサービス演習	＊木本　幸子　堀込　静香	原田　智子　三浦　敬子	1,995円（税込）
⑥三訂 情報検索演習	＊原田　智子　小山　憲司	江草　由佳　澤井　清	1,995円（税込）
⑦改訂 図書館資料論	＊平野　英俊　岸田　和明	岸　美雪　村上　篤太郎	1,995円（税込）
⑧改訂 専門資料論	＊戸田　光昭　澤井　清　仁上　幸治	金　容媛　玉手　匡子	1,995円（税込）
⑨三訂 資料組織概説	＊田窪　直規　小林　康隆　山崎　久道	岡田　靖　村上　泰子　渡邊　隆弘	1,995円（税込）
⑩三訂 資料組織演習	＊岡田　靖　菅原　春雄　渡部　満彦	榎本　裕希子　野崎　昭雄	1,995円（税込）
⑪改訂 児童サービス論	＊中多　泰子　宍戸　寛	汐﨑　順子	1,995円（税込）
⑫ 図書及び図書館史	＊寺田　光孝　村越　貴代美	加藤　三郎	1,995円（税込）
資料分類法及び演習　第二版	＊今　まど子	西田　俊子	1,995円（税込）
司書・学芸員をめざす人への 生涯学習概論	＊大堀　哲　中村　正之　村田　文生	高山　正也　西川　万文	1,995円（税込）
生涯学習・社会教育概論	稲生　勁吾　編著		1,890円（税込）
図書館学基礎資料　第十版	今　まど子　編著		1,050円（税込）
改訂 視聴覚メディアと教育	佐賀　啓男　編著		1,995円（税込）